52 tips para escribir claro y entendible

Eusebio Ruvalcaba

52 tips para escribir claro y entendible

Con sus respectivas consideraciones literarias

México • Miami • Buenos Aires

52 tips para escribir claro y entendible

D. R. © Editorial Lectorum, S. A. de C. V., 2011
Batalla de Casa Blanca Manzana 143-3 Lote 1621
col. Leyes de Reforma, 3a. Sección
C. P. 09310, México, D. F.
Tel. 5581 3202
www.lectorum.com.mx
ventas@lectorum.com.mx

L. D. Books, Inc.
Miami, Florida
sales@ldbooks.com

Lectorum, S. A.
Buenos Aires, Argentina
ventas@lectorum-ugerman.com.ar

Primera edición: febrero de 2011
ISBN: 978-607-457-154-7

D. R. © Portada: José Antonio Valverde

Impreso y encuadernado en México.
Printed and bound in Mexico.

Para Porfirio Romo

Como la locura, la literatura hace posible lo imposible.

ER

El autor agradece el apoyo del Sistema Nacional de Creadores del Consejo Nacional para la Cultura y las Artes.

A modo de prólogo

A ti, supuesto lector,
cuya paciencia celebro y comparto

Cuando decidí acometer la elaboración de este libro, de inmediato me asaltó una duda crucial: ¿es posible, de verdad es posible, sentarse a escribir un volumen que contenga 52 tips para escribir de una forma clara y entendible?, ¿se puede hacer eso?, ¿no va precisamente en contra de los estatutos literarios, del más evidente sentido común?, y más todavía: ¿no a veces lo enredado es bello? Por supuesto que sí, cuando es producto de la conciencia literaria. No cuando es resultado de la torpeza.

La primera pregunta que sobrevino fue: ¿en qué consiste escribir en forma clara y entendible? Muchas respuestas pasaron por mi cabeza: ¿en ser obvio?, ¿en ponerle tache a la diosa ambigüedad?, ¿en hacer una lista de adjetivos innecesarios por complicados?, ¿en decir dónde van las comas? No, ninguna de estas respuestas encaja en la idea que yo tengo de la escritura clara y entendible; tal vez para un recetario, de los que hay miles, pueda funcionar este procedimiento; pero no para un volumen que pretende ser ensayístico y acompañar a un escritor en el viaje de su propio libro, o en sus reflexiones sobre el arte de la escritura. Que la claridad y el entendimiento los entiendo como recursos arrebatados lo mismo al conocimiento que a la vida real, y que en buena medida el camino para conseguirlos consiste en quitarse innúmeras telarañas de la cabeza. En poner en práctica esa capacidad que tiene el escritor de tocar fondo.

Así que una vez resuelta la cuestión inicial —a partir de la cual se desparramarían otras, que encontraron su propia respuesta en el desarrollo del libro—, había que sentarse y escribir. El método que empleé fue el único que conozco, aquel que aplico a mis propios libros: aguardar, permitir que la idea sobrevenga y tomar dictado. En efecto, el libro fue armándose solo, como por sí mismo. Salpicado de humor, ironía y corrosión. De mordacidad. De lo que creo en literatura, de lo que descreo de ella. Podría decirse que el libro fue escribiéndose sin mi participación. Escuchaba yo las palabras y las escribía. Muchas cosas saltaron a la vista, ideas nuevas e ideas que vengo arrastrando desde mis primeros atisbos literarios —algunos de ellos, incluso, publicados por aquí y por allá—. Pero finalmente ideas que yo mismo pongo en práctica y cuya eficacia he comprobado en lo que he escrito, llámese narrativa, poesía, guionismo, ensayo, dramaturgia o periodismo. Que esto acontezca, que sean ideas extraídas del trabajo diario, no significa mayor cosa; porque son puntos de vista que le pueden venir bien a un escritor y a otro no. Según trabaje, y, sobre todo, según piense de la literatura y su ámbito. Según se mueva en su territorio. Así de simple. Pero creo que a un escritor bisoño, a un joven escritor, acaso le resulten de su interés porque finalmente son ideas provocadoras. Que pueden causar urticaria en más de uno.

En fin, algo tengo cierto: los travesaños mentales obstaculizan el ejercicio claro y entendible de la escritura. Hacia esos travesaños apunté la artillería.

Ahora bien, ¿y por qué 52 tips y no 105, 237 o 600? La respuesta es tan sencilla que mueve a risa. Porque el año consta de 52 semanas, y la idea sería emprender la lectura de un tip por semana, reflexionar en su contenido y dejarse llevar por la propuesta. Acaso —y esto es muy en serio— el lector esté escribiendo un volumen y pueda poner en práctica algún aspecto que le cuadre de estos preceptos literarios.

Libros de cabecera

El libro concluye con una lista de mis títulos de cabecera. Se trata de una no muy larga lista de los libros que están, en efecto, en la cabecera de mi cama. Creo que una biblioteca personal no se distingue por el número de libros sino por los títulos. Por supuesto que no se trata más que de una lista que cada quien puede ponderar a su antojo. La comparto porque siempre he pensado que la belleza es para compartirla, que así se disfruta más. Tú puedes ir haciendo la tuya. Tu propia biblioteca. Tampoco significa que sea una lista definitiva. Yo mismo suelo añadir algún volumen a mi biblioteca de cabecera, o bien, y muy de vez en cuando, extraer otro y pasarlo al librero de la sala.

Tlalpan, 2010

I

Cuando sientas que la mano te tiembla al escribir, estás en el camino correcto

Para Adán Cruz

Porque hoy día se escribe con tanta solvencia, con tanta seguridad, en otras palabras, tan a la ligera, que aquellas sensaciones de estar pisando un pantano al momento de escribir pasaron a la historia, son historia muerta. La certidumbre de que escribir era una moneda al aire, y que lo más probable era que uno estuviera escribiendo una fokin mierda, ya pasó. Cuando se escribía así, cuando publicar era realmente difícil, cuando no había red que respaldara la mediocridad, temblaba la mano al momento de empuñarse el bolígrafo. Porque plumas fuente muy pocos tenían. Escribir era como caminar sobre la cuerda floja entre un edificio y otro.

Sin embargo, la mano sigue temblando. Pero por otras razones; ¿o son las mismas? O acaso podría decirse que las preocupaciones fundamentales son las mismas, y que se escriba bajo el precepto que se escriba, que se escriba bajo la presión que se escriba, la mano no tardará en temblar porque no hay de otra. ¿Qué hacer entonces? ¿Echarse para atrás y dejar de escribir? ¿Tratar temas que nos alejen de nosotros mismos? ¿Darle la vuelta a lo único que de verdad vale la pena?

No, la vida se lo cobraría.

¿Y cuáles son esos temas?

Por ejemplo, cuando se habla de la oscuridad que yace en nuestro interior. Es cuando se está así de arrojarse al vacío. Digamos, cuando se habla del padre muerto. De la madre que abandona. De la mujer que nos engañó con nuestro amigo. De cosas que no podemos extraer de nuestro propio abismo, donde preferiríamos estar, sin desgarrarnos por dentro. Sin hacernos pedazos. De la mediocridad que somos y cuya imagen nos devuelve el espejo todos los días. Del vacío que yace en cada uno de nosotros, y que no hay modo de llenar, como una maldición que trajéramos a cuestas desde que se creó el mundo. De la obligación que tenemos de estar vivos. De ese llamado que no nos explicamos y que proviene de una cuenta pendiente. De que si nos dejamos llevar por nuestra pasión, podemos perder todo en lo que dura un suspiro, y si no lo hacemos somos menos que cobardes. De que la vida no nos va a estar esperando para que nos decidamos a enfrentar nuestros fracasos. De que la mujer que nos prometió amor eterno, ahora mismo está pensando el camino más corto para abandonarnos. De la injusticia, que le hizo escribir a Fray Bartolomé de las Casas cuando fue testigo de las atrocidades cometidas por sus coterráneos en la América recién conquistada: "Mis ojos han visto estos actos tan extraños a la naturaleza humana, que ahora tiemblo mientras escribo".

Ésos son temas que le interesan a la escritura cuando es verdadera. Y aun en un cuento que acontezca en el año tres mil, los personajes los reconocemos. Es él, es ella… y la mano tiembla.

Porque escribir es dejar que el estómago se devore a sí mismo. Es una lucha que se pierde de antemano. La mano tiembla porque lo sabe. Aquel hombre está haciendo su mayor esfuerzo por escribir como le dictan las entrañas y de nada sirve. De ahí la mirada de tristeza cuando termine de escribir su novela. Sabe que esa novela nunca expresará lo que él piensa del mundo, de la vida, de sus amigos y de sus enemigos, de sus amores, de sus hijos y de sus padres. Porque la palabra nunca será el aullido de un perro atropellado. Sabe que escribir es dejar en cada palabra una parte de sí mismo, la mejor parte. Y que esa parte no la recuperará jamás. Y que encima esa parte no lo representa al ciento por ciento. Por eso siente tan lejanos e inopinados los comentarios sobre lo que ha escrito. Se metió en un campo minado con la escritura. Que le señalen celulitis cuando tiene el valor de exhibirse desnudo. Escribir, en el peor de los casos, es asirse de la vida para no enloquecer.

Ese escritor le debe algo a la vida —su vida misma— y sabe que el único modo de ajustar cuentas es escribiendo. No importa si muere en el intento. ■

II

Las palabras son los ingredientes del platillo. Hay que dosificarlas. Cada quien a su gusto. Como cualquier cocinera

Después de la vida, las palabras constituyen la materia prima del escritor, el barro con el que trabaja.

Cada escritor tiene sus palabras favoritas —incluso sin que él mismo lo sepa—. Cada escritor lleva consigo su costal de palabras.

Cualquier individuo se expresa a través de las palabras. En este sentido no hay ninguna diferencia entre un escritor y aquél, por más que el primero les atribuya virtudes insospechadas. Así, cuando una madre le dice a su hijo que lo quiere, el efecto es el mismo al de una madre que en una novela le dice a su hijo que lo quiere. En efecto, las palabras cumplen exactamente el mismo cometido: manifestar lo que siente y piensa un hombre.

Las palabras de un escritor importan al momento en que escribe. Y ese escritor lo sabe —quizá más el poeta que el prosista, aunque habría de ser exactamente lo mismo; no en balde Flaubert clamó porque verso y prosa tuvieran igual pulso—. Porque entonces sopesa las palabras que escribe. Revisa su textura, su metabolismo, su naturaleza —porque cada palabra contiene sus propios secretos, sus códigos, su historial, y está sujeta a sus propias leyes—. Si ese escritor es dado a leer en voz alta lo que escribe, advertirá la cáscara de las palabras, es decir su sonido. Entonces procurará evitar todos esos ruidos horribles que hacen las palabras al chocar unas contra otras, o, peor aún, al rozarse y producir rechinidos a cuyo lado un gis tallado en el pizarrón es todo un consuelo. Someter el texto a esta prueba de acidez redundará en una lectura de beneficios múltiples: el escritor comprobará que entre las palabras hay algo más que el eslabón del significado, tal como si se tratara de perlas unidas entre sí por el hilo invisible de un collar, y el lector sentirá que, al momento de leer, su espíritu se desplaza sobre una superficie perfectamente lisa, sin asperezas, como si pasara la mano por la tapa de un piano de cola.

La longevidad de una palabra depende de su eficacia como puente de comunicación. Hay palabras que, pese a que su sola mención provoque una sonrisa en el lector escéptico, se antojan más bien reliquias de la lengua. La mayoría de los escritores les ha declarado la muerte, y si acaso sobreviven es porque son utilizadas por las generaciones que van de salida. Finalmente desaparecen, aunque en una época se hayan puesto de moda. En buena medida, los jóvenes determinan el veredicto de una palabra. Afortunadas las palabras que se ajustan al gusto de los adolescentes, porque estará garantizada su ancianidad.

Naturalmente, hay palabras *kitsch*. Son palabras engoladas, como aquellas que emplean los malos actores: palabras sin fondo, mera superficie, palabras ornato, sin profundidad ni garra. Son las palabras favoritas de las secretarias, amas de casa y políticos. Y por ciertos poetas del modernismo, que, en su afán de dotarlas de brillo, las convirtieron en piezas de utilería.

Y a todo esto, ¿cuáles son las palabras más bellas? Pertenecen a dos clases:

1) Las palabras que no son palabras. Es decir, los sonidos guturales de un bebé. Aquí radica la verdadera poesía. Conforme el niño va creciendo y se va adjudicando las palabras que escucha en torno, va matando la poesía que hay en él. De ahí en adelante, nada superará su andamiaje poético primigenio.

2) Las palabras que no se dicen. Esto es, y pensando en el ejercicio de la palabra escrita, las palabras que no se escriben. Todo aquello que necesariamente oculta el escritor —lo haga en forma deliberada o no; aunque se agradece y celebra cuando es propositivamente—. Justo es este nivel *underground* —permítaseme el terminajo— lo que más goza el lector inteligente, porque él, ese lector inteligente, se encarga de darle la forma que él quiere darle a lo que no está escrito. Ahí es donde nace la belleza del acto de leer. ■

III

Escribir no es difícil —lo difícil es arrojar las palabras que sobran al cesto de la basura—

Algún día, y ojalá no sea un día muy lejano para que pueda verlo, en un museo de escritores habrá una sala especial dedicada a exhibir cestos de basura. Se podrán ver los originales de numerosos autores depositados ahí. Poemas, cuentos, ensayos, fragmentos de novelas —si no es que una novela completa, gran Dios—. Comprimidos hasta el tamaño de un puño enfurecido. Y lo más curioso es que esos autores seguramente tuvieron cosas que decir. Y las dijeron.

No hay escritor genuino que no haya sentido esto en carne propia. Y que no lo haya vivido. Tú puedes experimentarlo. Lo único que se requiere es ser inclemente, es decir, no tener compasión de uno mismo. Lo malo se va a la basura y se acabó. Este paso exige mucho de honor. Y de prosapia. En primer lugar porque no hay nadie que te vea y te aplauda. Y en segundo porque en la vida de un escritor son comunes los envidiosos que le meten zancadillas para verlo caer. Así que en la medida que uno mismo sea capaz de destruir lo de baja calidad, se cubrirá las espaldas.

¿Cuáles textos tengo que tirar?, te preguntarás. Y déjame decirte que si te haces esta pregunta es porque tienes conciencia crítica y eso ya es ganancia. Es el primer paso para el ejercicio de la escritura. Porque sin duda soltar palabras como un grifo abierto tiene su chiste, pero hasta cierto punto. Todos los días vemos en las secciones especializadas de los diarios, de las revistas, docenas de artículos que no dicen nada. Cientos, miles de palabras tan irrelevantes como burbujas de jabón. Que fueron escritas porque tenían algún cometido importante que cumplir, y que al final no van más que a abultar el camión de la basura de la palabra escrita. Que hasta parece que se pelean por estar ahí. No vaya a ser que alguna otra palabra les gane su lugar.

"Escribir no es difícil —lo difícil es arrojar las palabras que sobran al cesto de la basura—", lo dijo uno de los grandes compositores que ha habido, un auténtico maestro de la perfección: Johannes Brahms. [Aunque la frase original es: "Componer no es difícil —lo difícil es arrojar las notas que sobran al cesto de la basura—".] Te hablo un poco de él. Fue un hombre que perseguía la perfección como otros persiguen la fortuna. Pudo haber escrito docenas de sinfonías y solamente dejó cuatro; pudo haber compuesto docenas de conciertos y solamente legó cuatro: dos para piano, uno para violín, y uno doble para violín y violonchelo. ¿Por qué razón él mismo se puso estas trabas? ¿Por qué no dejó correr su imaginación e inundar al mundo de música? Porque estaba obsesionado con que el arte en general, y el suyo en particular, debía estar lo más apegado a la excelencia, a lo que no admitía discusión en cuanto al acabado. Soñaba un arte sin fisuras, sin la menor posibilidad de errores, prácticamente inhumano. Quién no lo sabe, que la perfección no se alcanza jamás. Pero nuestro deber es intentarlo. Borges lo dijo: escribimos sobre la arena, pero nuestra obligación es escribir como si escribiéramos sobre la roca.

Nadie está a salvo de la imperfección. Va un ejemplo. Todos los libros de cuentos que he leído —iba a escribir que existen, pero prefiero no ser tan radical— son disparejos. Cuentos buenos al lado de cuentos malos. Y de un mismo autor, por supuesto. Es como si fuera una maldición. Porque escritores que uno se imagina perfectos —tipo Salinger, tipo Chejov— caen como palomitas. Aunque quizás en eso consista el arte. En la imperfección. ■

IV

Entre dos palabras que signifiquen lo mismo, escoge la más corta

Este precepto habría de significar la llegada a la meta de la literatura —si por meta entendemos el regocijo espiritual.

Porque es imposible cumplirlo al pie de la letra. Por una sola y simple razón: los sinónimos no existen. Nos hacen creer que sí. Y solemos tener a la mano los mejores diccionarios de sinónimos pensando que de esa manera la literatura nos va a abrir las puertas. Cierto y falso. Los diccionarios son una herramienta de trabajo, y nada más. Y nuestra obligación es utilizar esa herramienta cuando todos los demás caminos se han cerrado. Yo he visto trabajar a escritores y trabajar apegados al diccionario de su computadora. Seleccionan la palabra, le pican en sinónimos, y click, como si con eso fuera suficiente. No basta con eso para ser escritor. Al contrario, el uso indiscriminado de los diccionarios —sobre todo los de sinónimos, que es nuestro tema— puede llegar a ser un estorbo. También he conocido escritores que se lo pasan buscando la mejor palabra, y cuando se recuperan del esfuerzo la idea ya se les fue para no regresar jamás.

Todo debe estar sometido al ímpetu de escribir. Escribir es lo verdaderamente importante. Si aquella palabra es larga como una solitaria intestinal, que se quede. Si es corta como larva de mosca, que se quede. Lo único que importa es que cumplan su cometido. Que las palabras cumplan la misión que traen a cuestas, que es expresar el pensamiento y el sentimiento de quien escribe. Expresar por escrito. Porque hay también quien lo hace oralmente. Y ahí sí estamos comprobando la relativa utilidad de los diccionarios; ahí sí que si lo hace oralmente, sea en el discurso oratorio, en la clase, en la tribuna más insignificante o importante, ahí sí cuál diccionario. Ni modo que este hombre se detenga y consulte su diccionario para no repetir la palabra *flecha*. Y que de pronto se tope con la palabra *saeta*. Y quién sabe si signifiquen lo mismo, pero no *suenan* igual, y eso también cuenta. Peor habrá quien diga, y con justa razón, claro, el que habla no busca su diccionario porque las palabras se las lleva el viento. En cambio el que escribe, sus palabras quedan impresas en el papel. Tal vez por diez minutos, pero quedan fijas. Eso es cierto.

La sinonimia obsesiona, y hay que tratarla como se trata una filia. De lo contrario, se apodera de nosotros. Y hasta cuando pedimos un vaso de agua por segunda vez, mejor decimos: "¿Me das un vaso de H_2O?", para no repetir la hermosísima palabra *agua*, que hasta por el solo hecho de decirla se quita la sed y una sensación de frescura acomete la cavidad bucal.

En efecto, no hay dos palabras que signifiquen lo mismo. Los sinónimos no existen más que encerrados en los diccionarios. Pero a la hora de escribir se da uno cuenta de que tal palabra que elegiste no puede ser cambiada por otra porque es como si algo traicionaras. Quiero decir que es natural que el escritor se encariñe de sus palabras. Y que no las quiera cambiar. Y a veces repite incesantemente una palabra tras otra. Pero la misma. Una vez tras otra hasta la saciedad. Como si no existiera la sinonimia. Cuando la pasión de escribir rebasa la capacidad del acabado, hay que dejarse llevar de esa pasión. Si se es escritor de veras, más adelante habrá tiempo de detenerse en todos y cada uno de los detalles que le dan el terminado más acucioso a las frases. A las oraciones. A los periodos gramaticales. El primero en sentir esa necesidad de limpieza es el propio escritor. Pero la obra negra ya está hecha. Cuánto prodigio y maravilla también hay en pasar el trapo por nuestra escritura. Y eso implica usar el diccionario de sinónimos. Tarde o temprano. Usar la palabra más corta. Es cuando el escritor se convierte en la ama de casa perfecta. Que nada esté tirado. ■

V

Imagínate a un lector de lo que escribes —si no tienes imaginación, asiste a un taller de creación literaria, o bien, contrata a alguien que te escuche (y deja a la literatura en paz)—

Arthur Rubinstein, el celebérrimo pianista, cada vez que se preparaba para dar un concierto solía decirle a su cocinera que lo oyera tocar. Si la cocinera se aburría, suspendía el concierto. En este acontecimiento no hay, como se podría pensar absurdamente, discriminación. Lo que hay es sentido común.

Un escritor debería hacer exactamente lo mismo.

Ésta es de las pocas pruebas de fuego a las cuales un escritor habría de someterse. Consecutivamente. Una vez tras otra.

Precisamente para eso sirven los talleres de creación literaria. Además de para bajarle los humos al escritor, para tener un público cautivo. Es un privilegio de ida y vuelta. Para el que escucha, es un privilegio que un escritor —o prospecto de escritor, da igual— lea su obra inédita delante de él; y para quien lee, es un privilegio que alguien lo escuche, quien sea. Que los lectores cautivos no se anuncian en la sección amarilla.

He aquí algunos preceptos al respecto, dirigidos más a quien se encarga de coordinar un taller que de participar:

1) Sé tolerante; lo que implica descubrir el lado noble que contiene aun el texto más deleznable.

   No hay que darle muchas vueltas para descubrir ese lado noble: el ejercicio de la escritura. Es el primer paso. Escribir. Se da ese paso y se da el siguiente, y así hasta darle la vuelta al mundo. Que se tenga talento o no es otra cosa. Pero el acontecimiento de aplicar la fantasía para conformar un texto ya implica cierto arrojo, cierta búsqueda. En un taller de creación literaria es lo que hay que imbuir. Nadie con la cabeza bien puesta sobre los hombros exigiría obras maestras, ni siquiera medianamente pasables.

2) Comparte poemas, cuentos, fragmentos literarios que juzgues superiores y que a ti te hayan arrojado luz. Honrar es el único modo de sobrevivir.

Cuánto placer implica poner en las manos de otro aquella novela, aquel cuento que desde tu óptica distingas ejemplar. No hay ninguna diferencia entre este acto y compartir un buen vino, un platillo soberbio, acaso una mujer que por su belleza es atraída aun sin decir palabra. Cantidad de veces el camino ya está abierto. Los maestros se encargan precisamente de eso, de abrir brecha. Mostrar esos textos te ahorra palabras inútiles.

3) Sé sutilmente franco.

Pero no bajes la guardia. Se puede ejercer ese doble filo: externar tu opinión con franqueza pero no de un modo brutal. La violencia innecesaria se castiga, aun en el futbol llanero.

4) Reprueba la crítica acerba, excepto si está bien sustentada… por una sola vez.

Porque el escritor bisoño que asiste a un taller lo hace con el ánimo de aprender, no de que lo apaleen. Poner los puntos sobre las íes en cuanto al modo de blandir la crítica le corresponde al coordinador. Cuando la crítica es demoledora el criticado no escucha. En el fondo es una crítica obscena. Como toda violación.

5) Prohíbe los aplausos —no es un recital, es un taller de creación literaria.

Si algo hay perfectamente *kitch* en un taller es el aplauso. En primer término porque no hay texto que se lo merezca y, en segundo, porque el aplauso es la hipérbole, el elogio desmesurado. Una vez que el machete del aplauso parte la mesa en dos, ya nadie se atreverá a señalar la mediocridad de aquel texto.

6) Haz de la incomplacencia tu chaleco antibalas. Descubre el error aun en el texto perfecto —porque no hay texto perfecto.

Desde la primera palabra del texto que tengas ante tus ojos, destaca el error. Porque a la larga el que se beneficia eres tú cuando apliques este mandamiento a tus propios textos.

7) Empéñate en encontrar precedentes en los textos de los participantes.

Uno de los cometidos de un taller literario —quizás el principal— es bajarle el volumen a la soberbia. De ahí la recomendación de que se deje la camisa de fuerza del amor propio en la entrada. Para nadie es novedad que el escritor se pasea en los hombros de la fatuidad. Señalar los precedentes literarios de cualquier texto contribuirá a que aquel vacuo pierda el equilibrio y caiga estrepitosamente. (Práctica que deberás aplicarte a ti mismo aunque sea de vez en vez.)

8) Dispón lecturas en voz alta neutras —es taller de creación literaria, no de actuación.

Las lecturas dramatizadas no son bienvenidas en un taller literario. Porque el que escucha se deja contaminar por el modo de leer del autor y confunde una cosa con otra. Cree que el texto es bueno, nada más porque el lector matizó las partes que él considera conmovedoras, cruciales —que en general son las más cursis—. En cambio, entre más neutra la lectura podrán ser mejor estimadas aquellas líneas.

9) Sé puntual —es el único ejemplo que puedes dar.

10) Calla, si hay que callar; escucha, si hay que escuchar; bebe, si hay que beber. Pero no leas lo que escribas.

Regla de oro: no recomiendes tus propios libros ni leas en clase para demostrar, según tú, el buen uso de tal o cual recurso. Esta soberbia se te revertirá el día de mañana, sin contar que considerarte emblemático ya es bastante ridículo. De mal gusto. Vete en el espejo.

11) Sé cauto con lo que digas.

Porque aun las palabras más hueras, van a dar a oídos atentos. Sopesa lo que digas, palabra por palabra. Recuerda que estás con personas a quienes la palabra les interesa sobremanera.

Cada palabra que digas es valorada por uno de cada diez, y con eso es suficiente. No lo olvides.

12) Inventa, si no hay textos que corregir; y, si hay, también.

La invención —como tú la entiendas— habrá de ser el aceite que permita que la maquinaria de un taller no se atasque. ¿Qué inventar? Cualquier ejercicio que incite a los participantes a escribir. Una carta, una receta, un mensaje en la pared de un baño… Lo que se te ocurra es bueno.

13) Apóyate en un diccionario.

No te fíes de tu memoria y menos de tus conocimientos. Si no quieres hacer el ridículo. Porque del día de mañana dirán que se acuerdan de ti por tu mala ortografía, no por tu capacidad de mirar el interior de un texto. ■

VI

Sé flexible en el seguimiento de los preceptos literarios —sin dejar de ser firme; como el arco de un violinista maestro—

Los preceptos literarios —haz esto, no hagas esto, esto sí, esto no…— son como los mandamientos, que uno los debe ir adaptando al ritmo de su propia vida. Considerarlos. Ponderarlos, y ver qué conviene y qué no. Precisamente como los que ahora mismo tienes, supuesto lector —mil veces lo repetiré, esto de *supuesto lector*—, delante de tus ojos.

En su hermosísimo libro *La antigua retórica*, Alfonso Reyes habla de la preceptiva. Y dice que los antiguos maestros de retórica, los retores, finalmente y después de décadas y décadas de enseñar, no pudieron resistir el no muy ingenuo acto de emitir preceptos. Es decir de dictar cómo debían de ser las cosas. Pasaron de ser retores a preceptores.

Ciertamente hay que tener desconfianza. Pero lo que es muy claro es que, por principio de cuentas, los preceptos no pretenden ser dañinos. Su cometido es la utilidad. Los preceptos nos dicen cuál es la ruta más corta para llegar a cierto punto. Lo ideal es aplicar el dictamen del precepto, grabárselo en la memoria mediante su uso, e inocularlo en la sangre hasta que pase a formar parte del ejercicio de escribir.

Pero conforme se escribe, conforme se madura —odio esta palabra, pero a veces cae como anillo al dedo—, se van valorando los preceptos, y cada quien decide lo que le sirve y lo que no.

Sin embargo, un escritor es mucho más que un precepto literario. Dicho en otras palabras, la literatura no es una suma de preceptos literarios.

Quienes no escriben, siempre tienen por delante el precepto literario. Antes que ninguna otra cosa. Porque no se han enfrentado al desafío escritural. Ese desafío que significa arrojarse al vacío, ponerse en la orillita y dejarse caer. Cuando se empieza a escribir los preceptos no sirven de nada. Porque no existen. Es decir, para el escritor que de pronto se pone a escribir —yendo en el metrobús, haciendo un trabajo escolar en la biblioteca, viendo un partido de fut llanero—, no hay nadie que le dicte cómo hacer las cosas. Simplemente toma su pluma —odio decir *bolígrafo*— y deja que las palabras escurran de su mano —¿o de la compu?—. Ahora mismo me pregunto eso. Porque seguramente habrá cantidad de escritores que escriban su primera palabra creativa en el teclado de la computadora. ¿Y sentirán lo mismo? Aun en la inteligencia de que aquello se vaya a la basura. Porque la grande, enorme ventaja de que lo primero que se escriba sea a mano es que ese cuaderno se puede conservar por los siglos de los siglos. Eso no significa que aquello valga un cacahuate, no significa que tenga un lugar asegurado entre los primeros ganadores de nado de mariposa, pero el autor, si tiene el suficiente aplomo, puede, al cabo de los años, localizar ese texto y darse el gusto de acercarlo a las llamas de la estufa, de regalárselo a una mujer que quiera enamorar o de dictar una conferencia y atribuirle todo el peso de su fracaso, atribuirle a esa hoja escrita con sus primeras palabras como escritor, a esa estúpida, desvalida y pobre hojita, todo el fracaso que ha sido como polígrafo. ¿Qué hace un escritor que escribe sus primeras palabras en la compu? Es difícil aventurar. De entrada —y desde lejos, claro— uno diría que ese autor primerizo no lo es tanto. Porque no se arroja. Una computadora no es otra cosa que la red sobre la cual el trapecista hace sus saltos mortales. La compu tiene algo de seguridad y de gringada que nada tiene que ver con el acto suicida. En la compu —quién no lo sabe—, todo mundo puede recuperar el texto escrito hace dos mil años. No hay que ser muy listo para eso. La computadora es el ángel guardián de los fracasados porque siempre podrán corregir sus textos o, en todo caso, echarle la culpa a la compu.

Regreso a los preceptos. Basado en su propia experiencia, cada escritor debería escribir el suyo. Nadie podría objetarlo. Finalmente, como todo precepto que se respete, está basado en la experiencia. Aquella sensación que sufrió ese escritor es tan perfectamente comunicable como la de cualquier escritor, no importa cuán consagrado esté. Y de aquí deviene otra lección. Un escritor tiene la obligación de escribir sus experiencias, sus sensaciones, sus preceptos, apenas se ponga a escribir. No que siga preceptos ajenos. Sino que verbalice, y luego escriba su cascada de reflexiones. ¿En qué momento? Tal vez cuando publique su primer libro sea un buen momento. Un compositor jamás haría tal. Porque la experiencia de un compositor nada más le sirve a él. Pero habrá que ver la de un escritor. Quizá por eso se extrañan tanto cuando un autor no lega sus secretos. ■

VII

Cuando te atores, da la vuelta. No te detengas jamás. Prosigue siempre. Muchos escritores se pasan la vida esperando el modo de salir del paso. Aunque el obstáculo es la guía. Indica algo importante para ti

Para Arturo Alvear

Ignoro si es un daño en el lóbulo temporal, pero hay quien se queda viendo fijamente el obstáculo en vez de brincarlo para así seguir adelante. Ignoro si hay cierta complacencia en aferrarse a los escollos en lugar de superarlos. Pero esto afecta grandemente a un escritor. Piénsese en un escritor que no encuentra la palabra adecuada —digamos el adjetivo adecuado— y que le da vueltas y vueltas a las cosas con tal de obtener el mejor término. Esto es muy lindo pero hace perder un tiempo valiosísimo porque la idea puede volverse volutas y perderse en la noche de los tiempos. Es mejor poner cualquier palabra —de hecho siempre viene una palabra a la mente— y proseguir. Es como el caballo que se arredra ante el obstáculo, y que necesita del impulso del jinete para brincarlo. El impulso del jinete equivaldría al ímpetu del escritor, a su fuerza de voluntad. El caballo, a la mano escribiendo. Y el obstáculo al obstáculo. Si el obstáculo se impone, el caballo se detiene en seco y el jinete se cae.

Todos los obstáculos son iguales. Producen desarticulaciones.

Avanzar, regresar y avanzar. La satisfacción es mayor.

Porque el hecho de que no se dé con la palabra adecuada y de que se escribe la primera que viene a la mente, implica varias cosas.

Es paradójico, pero de pronto la palabra que viene a la mente como por generación espontánea suele ser la correcta. Y no aquella que tanto se esmera el escritor en encontrar. Esto es difícil de creer, pero tiene sentido. Porque escribir comprende una parte racional y otra absolutamente inconsciente. Escribir es un tramado de nexos del pensamiento. Que en principio están bajo control. El escritor piensa largamente lo que va a escribir. Embadurna esa idea en las paredes de su cerebro. A ver si así. Más aún: cuando no está escribiendo sigue pensando en su escritura. Supongamos que está escribiendo una novela. Mientras va manejando, mientras compra el periódico, incluso mientras trabaja en la burocracia, en la agencia de publicidad, en la carnicería o conduciendo su taxi, mientras hace todo esto, no puede dejar de pensar en su novela. Desfilan delante de él sus personajes. Algunos los ve más altos, otros más musculosos, y no faltan los más adustos. O los más fanfarrones. Los escenarios de su novela, las atmósferas y, sobre todo, las tramas, o de plano la historia en su totalidad, se le aparecen como la ropa de marca en las vitrinas de una zona comercial. En las que es posible identificar hasta los botones de que consta una camisa. Pero aun así hay detalles que se le van. Porque la capacidad de concentración tiene un límite. Hay escritores que retratan las cosas como si las estuvieran viendo —y permiten que el lector las "vea" con igual exactitud. Así pues, al momento de escribir, esa palabra que llega al papel como caída del cielo es una palabra que responde a un reflejo inconsciente. Y es la más adecuada. Aunque muchas veces el escritor dude de su eficacia precisamente porque no la pensó y él mismo es el primer sorprendido.

De cualquier manera, todo lo escrito habrá de someterse a un análisis riguroso e implacable. Sin concesiones. Y ahí es donde la eficacia narrativa de las palabras se pone en tela de juicio. Hay una manera muy fácil de comprobar esa jerarquía. Cualquier palabra que le brinque al escritor debe sustituirse por un sinónimo. Si el texto, leído en voz alta, se atora en aquella palabra como si se hubiera pasado por un tope altísimo, significa que el sinónimo no sirve, que la palabra original no la podemos cambiar. Que es ésa y sólo ésa. ■

VIII

No quieras deslumbrar a nadie. Nadie te leerá. Cuando el lector siente que lo quieren impresionar, siempre sale decepcionado

Es lo peor que le puede pasar a cualquier escritor: que escriba con el ánimo de causar sensación.

Suena increíble. Pero es de lo más común. En nada se diferencian estos escritores de los futbolistas que juegan por el solo hecho del lucimiento personal. Los escritores que son personajes protagónicos responden a los mismos estímulos: que los aplausos lleguen hasta su persona con tantos bríos como el más ardiente sol. Justo es ahí donde se articulan el deporte —el futbol en particular— y la literatura.

La originalidad es el botín de los creadores mediocres. Llámense artistas plásticos, músicos, escritores o coreógrafos. No sólo porque la originalidad es inalcanzable. Sino porque es la manifestación más sutil de la soberbia. Veamos los casos de la música y de la literatura.

Digamos que en música, un señor de nombre Bach partió el mar en dos y dejó libre el paso a la música. Ante la mirada solidaria de unos cuantos, e incrédula y burlona de la aplastante mayoría. Precisemos que este señor Bach era hombre de buena voluntad creadora; es decir, no se arredraba ante los problemas que suelen acobardar a los enanos de espíritu. Pese a todas las dificultades, sin proponerse innovar nada. Le abrió el camino a la música, le dijo por dónde ir para acortar el tramo, y no cobró derecho de peaje. Porque cuando se percató de la maquinaria que había echado a andar, ya era demasiado tarde para levantar la mano y exigir cualquier cosa.

Y en literatura el hombre se llama Homero. Cuando este enorme, fecundo, revolucionario escritor, escribió en verso sus epopeyas *La odisea* y, sobre todo, la *Ilíada*, ocho siglos antes de Cristo, no existía obra que la precediera en belleza y vigor narrativo. Entonces

Homero —como hizo Bach con la música— hizo acopio de todo lo habido (mitología, narraciones populares, leyendas) y armó sus dos obras geniales —mucho más allá que "maestras"— que lo situaron como el padre de los escritores —y por añadidura de los poetas. ¿Alguien se preguntaría si Homero perseguía la originalidad, cuando por todas partes se desparramaban los mitos a la espera de que un escritor más ejerciera la caza con maestría y sensatez?

Pensemos ahora en los artistas del siglo XVII. Así eran. La originalidad no los estrangulaba por varias razones. En primer término, porque no existía un público ávido, presionado por el consumismo, que a su vez les exigiera cada vez más y más. Antes de la Revolución Industrial, el arte no era un producto comercial. Los artistas hacían obra como las costureras vestidos y pantalones. Menos prevalecía la competencia entre un creador y otro. Su trabajo era crear. E incluso esta actividad se heredaba de padres a hijos sin ningún aspaviento. En efecto, la presión comercial y la competencia —donde hay capitalismo bullente hay competencia, y el único modo de ser exitoso y vencer a la competencia es ser original— imponen la originalidad a los creadores, tal como el mercado impone el costo a la ropa de marca.

¿Pero qué hacer frente a esta pinza que parece triturar al escritor por las sienes? ¿Cómo zafarse de ella? ¿De veras hay manera?

Trabajando.

Escribir y escribir. Es el único modo de quitarse de la cabeza sueños de artistas hollywoodenses. Porque el trabajo no conduce a la originalidad sino a la urdimbre de la exaltación creadora. Que eso sí está en manos del escritor. Algo por lo cual pasaron Bach y Homero. Sentir que algo crece en las manos. Pero algo que emociona y que mueve a la reflexión. ■

IX

Se llega a la sencillez cuando los demás caminos se agotan

Para Marco Tulio Aguilera

Experimentar por experimentar. La experimentación por la experimentación es perfectamente válida. Tan legítima como una moneda a la mitad del desierto. Escritores ha habido a granel que se lo pasan experimentando. Porque en eso consiste parte de la enjundia de ser escritor. La búsqueda de nuevos caminos es segmento axial del prurito de las letras. Quizás de ahí proviene esa expresión mordaz de que el escritor vive encerrado en su torre de marfil. Porque la experimentación aleja de la palabra al lector vulgar. Sólo atrae a los críticos, y desde luego a los demás escritores.

En general, la experimentación provoca al artista como la veta de oro al gambusino. Que no puede quitar de los ojos el espejismo de la veta que sólo él ve, y que lo hará hombre no afortunado pero sí rico, que es lo que le importa. Se ha pasado toda la vida buscando esa veta. Ese río de oro que le dará un giro a su existencia. Y lo que él no sabe es que lo peor que puede acontecerle es que la descubra, porque matará en él el impulso de la búsqueda, que lo mantenía vivo y punzante.

Eso es la experimentación en un escritor. No sé si en todo artista. Por ejemplo, en un compositor. Por principio de cuentas, el compositor no lleva sobre sí ese costal que se llama *pensamiento*, y que encorva las espaldas. El compositor, como buen músico, siente más que piensa —exactamente lo opuesto de un escritor—, y la experimentación en él obedece a otros derroteros. Para empezar, y hasta donde sé —que es bien poco—, no busca caminos por el mero afán de experimentar sino que en su trabajo la experimentación obedece a una necesidad profunda de expresión. Es decir, primero se expresa y luego experimenta. Posee todo un bagaje que de alguna manera constituye su mejor arsenal. Arsenal para derrumbar muros y abrirse caminos. Hasta que encuentra su propia voz. Las grandes obras maestras de la experimentación, que en su momento se consideraron explosivas, revolucionarias, como la *quinta sinfonía* de Beethoven, como *La consagración de la primavera* de Stravinsky, como *Pierrot Lunaire* de Schoenberg, como *Elektra* de Richard Strauss, estas obras provocaron de inmediato adhesiones y animadversiones. Cada uno de estos artistas había dado con una voz vigorosa y devastadora. Capaz de provocar explosiones distinguibles desde el espacio mismo.

En literatura las cosas son más dramáticas. Funcionan de otra manera. Para empezar, la mayoría de las veces el escritor no tiene claro si la experimentación forma parte o no de su abanico de posibilidades literarias. Cuando finalmente concluye que sí, hace de aquella una camisa de fuerza. Que lo puede impulsar o lo puede detener. Y que lo impulse o lo detenga, lo torna soberbio. Siempre tendrá una frase en la cabeza: "Estoy a punto de crear algo totalmente nuevo y deslumbrante". Y acaso escriba aquellas cuartillas salpicadas de estrellas que caen y que se elevan, de fuegos artificiales que enceguecen, aunque fugazmente. Tendrá que ser muy astuto para no contaminar su trabajo con el brillo de la experimentación. Porque tal vez —y sólo "tal vez"— escriba sus pormenores al mismo tiempo que su experimentación.

La verdad de las cosas es que expresarse por experimentar cuesta doble trabajo. Someter las emociones por la obtención de una literatura que abrirá los ojos pasado mañana significa un esfuerzo por partida doble.

El escritor feliz es el que combina experimentación con emoción. Que se leen aquellas líneas colmadas de requiebres, y al mismo tiempo la conciencia se estremece. Es un grande, se dice entonces. Como se dice cuando se cierran las páginas de algún libro de William Faulkner. ■

X

Ten un espejo cerca de ti al momento de escribir. Para que los humos se te bajen. Esto te evitará que seas grandilocuente —y, por ende, excesivo—. Que creas que descubriste el hilo negro en literatura

Que en eso se cae con una facilidad pasmosa. La grandilocuencia es inevitable. Hasta cierto punto. Y cuando el escritor lo advierte es demasiado tarde. Ya se fueron por aquí y por allá frases que lo condenarán a caminar con grilletes. Ni siquiera los grilletes eran tan terribles. Hay que huir de la grandilocuencia como de un perro rabioso. Pues es doblemente engañosa, porque hace sentir bien a quien escribe bajo su manto. "¡Qué cerca estoy de la inmortalidad!", se dice estupefacto. Si en lugar de decirse semejante atrocidad se mirara al espejo, se esperaría un rasgo de humildad. Que para los escritores, la humildad es la mejor consejera.

Cuando los progenitores se ponen como ejemplo, están practicando la grandilocuencia. Quieren convencer a sus hijos de que tienen la razón. Aunque en el fondo sepan que no la tienen. ¿Cómo? A través de las palabras. He aquí un ejemplo de grandilocuencia.

La grandilocuencia y lo excesivo van de la mano. A más grandilocuente, más excesiva resulta la frase. La grandilocuencia es como una viscosidad melosa que corriera por debajo de la frase, y que la hiciera protuberante. Hasta destacar muy por encima de las demás. Por su obesidad. Por su adiposidad de palabras que suenan a nada, a vaciedad.

La grandilocuencia debilita el estilo.

Un buen estilo literario habrá de ser vigoroso. Las palabras emanadas de la grandilocuencia, de esa fuente inagotable del lugar común, no van a ninguna parte. Más bien el lector se pone sobre aviso y de ahí en adelante se ve acosado por la desconfianza.

La grandilocuencia hace confusas las ideas.

Cualquiera sabe que la complicación es el costal que las ideas llevan a cuestas, y de la cual no es fácil desembarazarse. Cuando las ideas son expresadas en términos llanos, sin rebotes ni recovecos, su comprensión es mucho más inmediata. Muy importante es decir las ideas con la frescura y espontaneidad con que se gestan en la cabeza. No permitir que se embarren de grandilocuencia.

Los políticos son proclives a recurrir a la grandilocuencia para ocultar sus ideas, que es decir sus intenciones verdaderas. Porque la grandilocuencia hace quedar "bien" al hombre ignorante o al hombre avieso.

La grandilocuencia es como la espuma de la cerveza. Que visualmente a muchos les puede parecer muy linda; pero aun ellos le soplan para quitársela y quedarse con el líquido ámbar. De lo contrario, se embarran la boca.

La grandilocuencia no es natural. Es resultado de una actitud impostada. Como las voces de los cantantes que no pueden ser espontáneos. Quien recurre a la grandilocuencia sabe el impacto que causará. Y aquí habría que insistir que aún es peor la grandilocuencia hablada que escrita. Porque la escrita implica la crítica por parte de quien lee; pero esto es más difícil cuando la grandilocuencia está en boca de un instigador. Que a eso son muy afectos. La gente oye hablar a estos señores y cae en sus brazos. Aquel hombre adorna tanto lo que dice, que es muy difícil sustraerse a su "encanto". Excepto cuando se es desconfiado por naturaleza.

Los jóvenes, o cuando menos la mayoría, no practican la grandilocuencia. Porque es una señora desagradable.

La música también puede ser grandilocuente; he ahí los himnos. ■

XI

Enamórate. Una persona enamorada escribe con pasión —de pronto esa persona quiere ser más que clara, clarísima, para que el sujeto de su amor la entienda—

Para Eduardo Villegas

Es tan lindo estar enamorado, se repite aquel escritor cuando se apresta a escribir y contempla en el monitor la fotografía de su amada. Según él, está cargando el tanque de combustible. Dejando que un sentimiento noble y robusto inocule su inspiración. Y acaso esté en lo cierto. Porque el espíritu se alimenta de sueños y utopías.

Pero el amor es tan maravilloso que torna blanditos a los duros y ciegos a los videntes.

Paradójicamente, el amor es lo único que impulsa y estorba el acontecimiento de escribir. Dichosos los textos que nacen animados del amor. Porque de inmediato se revisten de pasión. Y simplemente no es posible dejar de leerlos. De alguna extraña manera el amor insufla el espíritu de quien escribe, y aquellas palabras brotan colmadas de entusiasmo, de sensaciones, de innovación y buena voluntad.

Quien escribe enamorado emprende su escritura en aras de la libertad; sabe que hay un ser humano pendiente de su creación, y en esa medida emprende el vuelo. Escribe y escribe por emocionar al sujeto de su amor, por hacerlo más suyo, indestructiblemente suyo. Escribe y sabe que nadie podrá detenerlo. Tal vez porque es lo mejor que puede dar, o tal vez porque ejerce la literatura como un acto de seducción; sin embargo, sea una cosa o la otra, el mismo ardor habrá de impregnar el alma de quien lee. Pero no está en las manos de nadie garantizarlo.

Se escribe por amor cuando se hace el amor. Porque en ese momento el aliento vital deja de pertenecerle a quien ama, toda vez que lo deposita en el interlocutor amoroso. Porque el protagonista —quien escribe y ama— se entrega por completo. Sin medir las consecuencias. Sin aplicarse restricción alguna. Ama y agradece a Dios estar vivo. Ama y da gracias de que alguien lo ame. Ama y tiene en la mano el mundo. Por eso a quien escribe inoculado de amor le es urgente concluir aquellas líneas. Se muere porque su amada tenga aquellas cuartillas en las manos y que las lea —que las devore—. Se muere por manifestarle del mejor modo, o mejor dicho, del único modo que sabe hacerlo, el *corpus* de su pasión.

El amor impulsa a escribir. Cuando aquella mujer le dice al hombre que la ama: "Escribe…", no hay nada más poderoso que anime la palabra escrita de ese hombre. Nada ni nadie podrá imbuirlo del mismo modo. Todo lo demás parecerá tan anodino, tan volátil como los papelitos de colores que se arrojan al paso de los presidentes. Cuando aquella mujer le dice al hombre que la ama: "Escribe…", aquel hombre sabe que está en el camino correcto. De ahí en adelante todo lo demás pasa a segundo plano: la crítica, el elogio, los premios, la publicación misma. Aquella inmensa arte llamada *la literatura* deja de ser una entidad abstracta, sin forma, para convertirse en el vehículo amoroso más expedito. Ese escritor, ese hombre está en lo cierto cuando somete su conocimiento de la vida y de la palabra, cuando pone su sabiduría a los pies de ella. Para qué más, se pregunta, puede servir la literatura. Y tiene razón. Le ha costado trabajo llegar ahí. Para que una mujer le diga "escribe" es que ese hombre le ha mostrado un poema, un cuento, una novela; digamos que cuando menos le ha mostrado una línea que se ha ganado la confianza de ella; por eso ella apuesta por él.

Dichoso el escritor que encuentra una mujer así en su camino. Porque su palabra no será vacua, porque su palabra tendrá un sentido. Nacerá a partir de una experiencia vital. Misma que podrá comunicar a quienes lo lean; y si nadie lo lee no importa. Basta con que ella lo lea. ■

XII

Imagínate que eres un niño de cinco años y que tienes que entender lo que acabas de escribir. Si no lo entiendes, nadie lo va a entender; si así es el caso, reescribe todo de principio a fin

No hay que tenerse paciencia a uno mismo. No en esta carrera desastrosa que significa escribir. Hay que ser implacables. Antiguamente —por antiguamente entiendo hace cincuenta, setenta años— los escritores no se daban por vencidos tan fácilmente. La proeza de la corrección cortaba la carrera de los mediocres. No es difícil imaginarse a Alfonso Reyes corrigiendo sus textos. A Rodolfo Usigli. A Agustín Yáñez. Una vez tras otra borrando. Para avanzar con firmeza y decisión de búfalos.

A uno le debe quedar claro lo que escribe. Si en algún momento y lugar la transparencia es bienvenida, es justo aquí. El autor es el primer filtro. Lo escrito debe rebosar claridad.

Pero en todo hay un truco y aquí también. Tiene su chiste. Hay que escribir con el ánimo de la desesperación. Cada línea debería ser exactamente como el mensaje que un suicida deja en la habitación de aquel hotel de quinta. O de aquella habitación desolada, que así suelen serlo las de los suicidas.

Pensemos, pues, en ese hombre a punto de entregar la vida. No puede darse el lujo de ser ambiguo. No puede darse el lujo de ser banal. Si ha escogido la palabra escrita para dejar su impronta, es que tiene algo que decir. Y él sabe que es su última oportunidad. Por muy elemental que sea aquel mensaje, no podemos hacer caso omiso de lo que esas palabras acaso signifiquen para un hombre. Para ese hombre. Así sea que haya dejado escrita una sola palabra: "Adiós".

¿Cómo es posible que esa sola palabra de cinco letras resulte tan clara como el torrente de una cascada? La respuesta es muy simple: por el contexto. Cuando las palabras están escritas en el contexto adecuado, resalta su claridad. Sigamos con este ejemplo del suicida. Basta con revisar unos cuantos mensajes:

- "Hice lo que pude, pero la vida no me alcanzó", Marco, 15 años.
- "No tiene caso vivir sin el sentido de la vista. Ojalá le entiendan a mi letra", José Antonio, 58 años.
- "Julio me cambió por otra", Ana, 16 años.
- "Mis papás ya no me quieren", Luis Gerardo, 13 años.
- "A quien corresponda: No puedo vivir un día más con este sentimiento de culpa. No he logrado nada de lo que me propuse cuando me casé con Norma. Mis hijos tienen hambre. Los útiles de la escuela están cada día más caros y no puedo comprarlos. Me da vergüenza cuando mis hijos me piden dinero y les muestro mi cartera vacía. Si hubiera trabajo sería el hombre más feliz del mundo. Pero no hay", Pedro Arturo, 31 años.
- "Soy una carga para todos. Para mis hijos principalmente. Si Cecilita viviera, ella estaría cerca de mí y yo no sería una molestia. No les di más que amor a mis hijos y ahora me pagan con su desprecio. También les di cosas materiales. Como casas y viajes. Yo tuve la culpa. Debí haberme vuelto a casar. Para que alguien estuviera al pendiente de ellos y los educara. Pero no fue así. Los descuidé mucho. Y ahora me desprecian. Como sea, no quiero ser una carga. Le pido a Dios fuerzas para apretar el gatillo", Ricardo, 87 años.
- "Mi novia y yo decidimos suicidarnos. Exactamente a las 12 de la noche de hoy 31 de julio. Ella en su casa y yo en la mía. Por culpa de nuestros padres", Álvaro, 15 años.
- "Me mato porque este mundo no es para mí", Juan Manuel, 12 años.

El mismo tratamiento habría de dársele a lo que se escribe. Cada cosa en su contexto. La claridad resplandecería hasta enceguecer a los lectores. ■

XIII

No muestres nada de lo que hayas escrito, hasta que no te quede clarísimo. Tú eres el lector más capacitado para criticar lo que escribas

Para Rogelio Flores

Ésta es una prueba de fuego. Porque cuando se escribe bajo el ímpetu de la pasión no hay nada más urgente que mostrar lo que se ha escrito. Sin importar qué tan convencido se esté de aquello. Lo que es ineludible es gritarle al mundo que hay un nuevo texto palpitando en medio de los océanos. Y la crítica —que ponderaba con cautela Alfonso Reyes— quedó atrás.

Los libros nacen con todo en contra. Si uno se asombra de que nazca un niño, doble asombro habría de causar que nazca un libro. Porque lo último aconsejable es escribir. Siempre hay cosas más importantes que hacer: ver una película, beber un trago de whisky, caminar. En este sentido, cada libro representa un estirón, un esfuerzo sobrehumano.

Cada escritor sabe perfectamente el libro que nunca escribirá. No hay que darle muchas vueltas, basta con oírlo. Dice, por ejemplo, que ahora sí, en virtud de que consiguió un trabajo más descansado, lo va a hacer; o dice, haciendo sí con la cabeza, que a partir de la semana que entra no va a dejar un día sin escribir; o dice, con la mirada perdida en el entorno, que apenas le llegue la nueva compu no habrá poder humano que lo detenga.

Cada escritor vuelve la cabeza hacia atrás de vez en cuando, y se espanta de lo que ve: la vaciedad, el más absurdo y doloroso vacío. Pasmado, verdaderamente fuera de sí, no puede creerlo: pero si tenía grandes planes, si había armado, incluso, la estructura de su novela, si todo estaba previsto. No sabe si llorar o encolerizarse.

Entonces le echa la culpa a: 1) los niños, que con sus berridos no lo dejan trabajar; 2) su mujer, que con sus cada vez más caprichosas exigencias le roba hasta la última gota de energía; 3) los compas, que con tanta invitación a beber y a reventarse, lo distraen justo en el momento en que estaba a punto de sentarse a escribir, y 4) el trabajo, diablos, cómo no tiene más vacaciones para en serio recapitular el estado de su novela.

Cada libro nace con todo en contra. No hay de otra. Cuando menos nace en contra del optimismo. ¿Para qué lo voy a escribir si nadie me lo va a publicar? ¿Qué caso tiene embarcarse en una nave sin destino alguno? Seamos realistas. ¿Tú crees que un editor se va a arriesgar por un desconocido? Si no son señoras de la caridad, ¿o sí?

En contra del amor. Cierto. Inevitablemente cierto. Inexorablemente cierto. (Casi) increíblemente cierto. Porque de ninguna manera un libro es un acto amoroso; ésa es palabrería de la peor melcochez. Nada más lejos del amor que un libro. Si es lo opuesto. Porque el amor es el amor y se resuelve en la cama o en el aburrimiento cotidiano. Si por el amor fuera, no habría libros. ¿O acaso hay una línea que valga más que el ardiente acto de amar? Así, cada libro representa la abstinencia sexual —aun los del divino Marqués—, haberle dicho *no* a la pareja en el momento cumbre.

En contra de la utilidad. No hay nada que destroce más el corazón de un escritor que saber que su libro no tendrá utilidad ninguna —como no la tiene la literatura en su totalidad—. Sin embargo, el hecho de agregar basura al mundo —¿no ya está dicho todo?— pone nervioso al hombre de letras, lo hace desistir, lo obliga a reflexionar y a decidirse, la mayoría de las veces, por una salida noble y magnánima para él: postergar indefinidamente la escritura de su "obra".

En contra del sentido común. Porque lo más probable es que nadie lea el susodicho libro. Los supuestos lectores pasarán de largo delante de él. Y no porque en cambio lean a Dostoievski, sino porque se lee cada vez menos. Como escribir, siempre hay cosas más importantes que hacer. Como beber whisky, ver una película, caminar. O ya de plano hacer el amor. ¿O no? ■

XIV

La gente siempre tiene prisa. No canses al lector. Son preferibles los párrafos cortos y precisos, a los párrafos largos y profusos

Esto suena absurdo. Pero así es. Es de las pocas cosas absurdas que son verídicas. ¿No te has preguntado por qué en el siglo XIX se escribían novelas kilométricas?, ¿por qué los escritores se tardaban siglos en entrar en materia? La respuesta es muy simple: porque la gente tenía tiempo de leer. Siglos. No existían elementos que distrajeran al supuesto lector. Aquel hombre regresaba a su casa luego de una jornada de trabajo y lo mejor del mundo era sentarse a leer. Entonces aquellas líneas de Dickens, de Dostoievski, de Flaubert, se desparramaban delante de sus ojos. No tenía ninguna distracción que lo alejara de la lectura. Pero, ¿y ahora?

Veamos.

Escribir es un insulto para los que no tienen nada que decir. ¿Cómo alguien puede apropiarse de tantas palabras? De ahí la exigencia de ser cauto al momento de escribir.

Escribir, el acto de escribir, inexorablemente nace en contra de algo. Por ejemplo, cada línea que el escritor escribe significa una caricia que le ha negado a la mujer que ama, o, si no ama a ninguna mujer en especial, simplemente a la mujer que ha dormido con él esa noche, una mujer que le ha brindado calor y alivio y que le da palmaditas en la cama, cuando de pronto él se levanta hasta su mesa de trabajo. Y escribe.

Escribir es ceñirse la corona del fracaso —que, por cierto, muy pocos pueden lucir con elegancia—, ceñírsela al calce porque se sabe que la tarea de la escritura es tan imprevisible e ingrata que todo éxito es por demás descabellado, y que, en consecuencia, lo mismo puede sobrevenir el éxito más *kitsch* que la derrota más alentadora, por muy paradójico que suene. Lo cual, en última instancia, sorprende de igual modo al escritor.

Sólo el que escribe sabe la inutilidad de su tarea. Porque al único sitio que se llega escribiendo es al fondo del que escribe, y eso no se vende en ninguna parte. No se consigue en ningún *mall*. Carece de plusvalía. De competencia. De brillo, es decir, de mercado. Aunque para escribir no se requiere de gran personalidad. Al revés: de hecho, salvo casos excepcionales, los escritores son meros papanatas, burros sin mecate, perros sin dueño. Por eso, cuando alguien ve venir por la misma acera a un escritor, prefiere cruzarse: "Se ve que ese hombre tiene vicios", dice ese alguien para sus adentros, cuando el escritor se ha alejado lo suficiente. Casi hasta ser un puntito.

No se puede escribir en compañía, ni siquiera entre dos. Porque el ejercicio de la escritura requiere de una soledad apabullante, capaz de desquiciar a un monje budista. Escribir es tender trampas. Tenderle una trampa al talento, es decir, a la rata que todo escritor lleva en su interior. La rata más repugnante, siniestra, asquerosa y temible, esa que sólo asoma la nariz cuando no hay nadie en torno.

Exactamente lo mismo ocurre con el talento del escritor. Requiere de la noche —y de la soledad— para manifestarse. Y entre menos intelectual sea el escritor mismo, entre menos trampas se ponga, el talento se tardará menos en salir. Ofrecerá menos resistencia. Y eso se advierte en el instante mismo de la escritura. Quien ha tenido delante de sí una página en blanco lo sabe: hay un momento en el acto de escribir que de pronto el escritor se detiene, la mano le tiembla o de plano se paraliza: está a punto de tocar fondo. Y eso tiene un precio. Que no cualquiera está dispuesto a pagar. De ahí los baches narrativos. O poéticos. De ahí que un texto se reblandezca. Cuando los baches tienen más peso que, paradójicamente, la hondura. ■

XV

A una idea, una emoción; a una emoción, una idea. Lo dijo Tolstoi. No divagues ni te disperses. Sé preciso. Como cuando el pecador se confiesa. Como cuando expone su crimen ante el confesor, que es Dios

Para mi compita Guillermo Arriaga

Cuando un escritor termina un cuento bajo este precepto, acaba exhausto. Muy pocos lo logran. Porque la idea equívoca es que la literatura consiste en dispersarse.

Cuando un escritor termina una novela bajo este precepto, termina postrado, desfallecido. Deshilachado y apestoso como jerga de burdel. Porque ha dejado algo en él, lo único salvable, en esas palabras recién escritas.

Este escritor arriba a un estado de éxtasis cuando escribe. Del mismo modo que un pecador se vacía en un acto de contrición. Que enseguida de haber vomitado toda su excrecencia queda en un estado de levitación. Pálido hasta la muerte. Con los ojos perdidos en algún punto de su propia, intocable pureza. No hay ninguna diferencia entre un escritor que recién ha escrito aquellas cuartillas y el pecador que recién ha confesado su crimen. Son extremos que se tocan. Si mira uno atentamente a aquel escritor o a aquel pecador, advertirá en sus ojos la apacible locura, el haber abandonado un tránsito de dolor para entrar a un estado de arrobo y ensimismamiento. Que a la vuelta del tiempo conducirá, una y mil veces más, pues de lo contrario la vida no tendría ningún sentido, a una locura aún más desesperante. A una tentación aún más insoportable. El escritor volverá a escribir, y el criminal a matar.

Pero he aquí que éste es un estado del alma que nada tiene que ver con la mediocridad en que la sociedad finca sus parámetros.

Este acto de vaciarse identifica a un escritor con un pecador, pero a ambos los aleja del resto de la gente. Cada uno lleva impreso en el alma el sello de la locura.

Locura y literatura se traslapan porque hay un momento en que el loco y el escritor ven con pasmosa claridad la miseria y podredumbre del ser humano.

Es un instante amargo. Y deja ese extraño sabor del desencanto, o, peor aún, de la desesperación. El camino por el cual se llega a esta verdad tan simple como asombrosa lo mismo sirve para el escritor que para el loco: es el camino del conocimiento, del conocerse a sí mismo, de abrir el cuerpo en canal y asomarse hasta las entrañas más profundas. Da miedo meter la nariz ahí. Percibir ese hedor sin pestañear.

El loco llega hasta ahí porque ése parece ser su destino. No por convicción sino por accidente. De pronto, sin que se lo hubiera propuesto, ahí tiene, delante de sí, la condición humana en su expresión más cruda, que es la de la impiedad. Lo ve y no lo cree. Se acostumbra por los golpes. Pero nunca comprenderá en su totalidad esa dislocación entre lo que siente y lo que le aguarda, entre lo que su imaginación le dicta y la reacción de la gente que lo rodea. El escritor llega hasta ahí porque ése y no otro es el destino de la/su escritura. Desde que pergeña las primeras palabras, el escritor advierte que está en el camino de algo grande. Tiene esa sensación, como Colón cuando en su imaginación avistaba un nuevo continente —no importa si tenía idea o no de que se trataba de un nuevo continente o de cualquier otra cosa—. Ésa es la "voluntad" de escribir. Ir hacia dentro de la escritura. No es, como muchos creen, ganar premios, cotizarse en el mercado intelectual, abultar fama y glamur, es aproximarse al corazón de la vida, verse como lo que se es: una mota de polvo. A eso conduce la escritura: a sentir en carne propia la impiedad que sufre el loco. Es ese instante amargo del que hablábamos. No hay más lucidez, no hay más contacto con la realidad. Sólo un instante amargo, de absoluto abandono. Ahí se tocan el escritor y el loco. Se llaman igual. Dejan de responder por su nombre y sólo vuelven la cabeza cuando escuchan el ladrido de un perro. ■

XVI

Las frases cortas ayudan. Inmediatamente buscan su nicho en el cerebro. Y ahí se quedan. Además de que se leen más rápido, y eso ayuda a su entendimiento. Apóyate en una redacción simple para lograrlas. Y, mejor aún, en una corrección implacable. Como la que practican los correctores de estilo —en cuyo trabajo hay que detenerse—

Entre los señores llamados *correctores de estilo* —que son quienes se encargan de pulir la escritura de los autores—, todos lo saben: una buena corrección no hace a un escritor. Por eso hay que emplear este verbo con cautela, y decir: "yo corrijo", y no: "yo escribo", cuando lo que se hace es lo primero y no lo segundo. Aunque esto, paradójicamente, no quita que, por regla general, el escritor tenga más que aprender del corrector que a la inversa.

Hay escritores que nunca en su vida son capaces de redactar con propiedad (y hacerlo es parte de su trabajo). Y correctores que en su vida son capaces de inventar una sola línea (no es su trabajo). Entre otras cosas, porque el acto de escribir es un acto festivo, vital; mientras que el acto de corregir es un acto laboral. El corrector cobra por su trabajo, el escritor podría no cobrar por escribir. Dicho en otras palabras: el corrector no puede dejar de trabajar porque de ahí lleva el pan a su casa; en cambio, el escritor no puede dejar de escribir porque mata su espíritu.

Por supuesto que da gusto tener en las manos un texto bien corregido (aunque no haya pasado por las manos de un corrector de estilo, sino simple y llanamente por las de su autor). Da gusto porque entonces las palabras encajan "naturalmente". Ésa es una de las pruebas de fuego de una redacción impecable: que las palabras caigan justo donde deben caer; tal como las hojas muertas de un árbol, que nadie las podría acomodar mejor una vez que han tocado el suelo y que han sido bendecidas por el viento.

Pero es una tarea difícil en extremo. Porque no abundan los correctores respetuosos del encanto de los textos. La mayoría opta por la claridad —lo cual ya es decir mucho—. La elegancia queda descartada, el buen gusto queda descartado. Una redacción puntual. Y ya.

La corrección cuenta con un auxiliar insobornable: la sintaxis. Los correctores habrían de utilizar la sintaxis con la misma sabiduría que un joyero sus instrumentos de precisión milimétrica. En ese sentido, corregir es aplicarle cortes al periodo gramatical para darle su mejor acabado, es decir su mejor presentación. Pero la destreza consistiría en que la frase habrá de resultar sencilla, ligera, comprensible; sin ampulosidades. Para eso sirve el conocimiento y dominio de la sintaxis. Y el sentido común, más unos cuantos diccionarios.

Sin embargo, aun la corrección más precisa no es arte. Con todo el esfuerzo de un buen corrector, con todo su dominio de la gramática en general y de la sintaxis en particular, con toda su intuición en juego, la corrección no es ni siquiera la antesala de la literatura. Porque la corrección es previsible y la literatura irrepetible; la corrección se aprende a través de manuales, se organiza, se encajona en un método, mientras que la literatura es un grito de libertad proveniente desde un borbotón de fuego.

Luego de estas digresiones, hay que insistir en las frases cortas. Son buenísimas. Sobre todo al principiar un cuento. Evitan que el lector se distraiga y obligan al autor a centrarse y no dispersarse de un lado para otro. Como se hace en una conversación de cantina, que los temas van de aquí para allá sin orden ni concierto. En publicidad, los eslogans constan de un máximo de siete palabras. Suena absurdo pero ese mismo criterio habrían de aplicar los narradores. Frases cortas. Frases cortas y más cortas todavía. Lo más asombroso es que lo que cabe en una frase larga cabe en una corta. Todo depende de qué tan maestro con las tijeras sea el escritor. Y mejor si no se tienta el corazón. ■

XVII

El camino está hecho. Apóyate en la lectura. Lee lo más que puedas. Lee todo el tiempo. Siempre lleva un libro bajo el brazo. Te salvará de muchas cosas. A nadie le interesa asaltar a un lector

Habrá de leerse por placer. Dictan Montaigne y Borges. Cualquier otra razón es improcedente. O anodina. No será exagerado decir que, acaso, la lectura es uno de los placeres más rotundos a que puede aspirar un hombre.

Ya se sabe que hay quien lee por identificarse con los personajes; por vivir aventuras sin par; por conocer otros ámbitos, otros mundos —que jamás llegaría a conocer de no ser por la lectura—; por sentir en carne propia una declaración de amor o la fría aplicación de una venganza. Todas estas razones son igual de legítimas y felices. Porque en todos y cada uno de estos lectores —de estos individuos que caminan hasta la librería, que se detienen en la contemplación de las portadas, que leen con avidez las solapas y las cuartas—, en todos y cada uno de estos señores yace el pasto de la literatura. Se trata de individuos generosos, capaces de sentarse a charlar con Poe, Dickens o Hemingway, por el solo hecho de leerlo —tal es el gusto que imprimen en la lectura, la fruición con que leen—. Son generosos porque ceden parte de su tiempo al acto de leer. Porque podrían estar haciendo algo que los satisficiera más —jugar futbol, amar a una mujer, beberse unos tragos— y, sin embargo, están ahí, con el libro en las manos, siguiendo línea tras línea, hilvanando los párrafos, las páginas (a veces subrayando una expresión que los conmueve, a veces encerrando en un círculo una palabra que les resulta asombrosa). Y, desde luego, tejiendo la historia. A su modo. Sufriendo, gozando, viviendo con el escritor las aventuras con las que dotó a sus personajes. Y que lo tornan inolvidable.

Aunque hay el que lee por otros motivos.

Se lee para dejar de ser ignorante. Cuando eso acontece, la lectura no se disfruta. Porque el lector está obsesionado y no halla la hora de descubrir un nuevo hallazgo paleontológico, el origen del hombre o cualquier hecho que él piense habrá de cubrirlo de gloria cuando lo comente delante de sus amigos. Y lo peor de todo es que jamás de los jamases terminará siendo un tipo culto; toda vez que la cultura comprende una actitud ante la vida y no únicamente es producto de una lectura desmesurada,

Por ahí habrá quien piense que la poesía y el ensayo, por su propio carácter literario, revestido —en apariencia— más de pensamiento que de anécdota jugosa, de austeridad que de entretenimiento, quedarían excluidos de la lectura fascinante. Pues no. Las emociones son distintas, la experiencia es otra, el entusiasmo cambia, pero el placer es el mismo. Aunque, por ejemplo, prácticamente en la poesía no haya narración, personajes, anécdotas, en una palabra hilo narrativo, existe en cambio la concentración de la belleza, de la condición humana, de las sensaciones y actitudes del hombre; de su podredumbre y su alegría. Lo cual permite la inmediata identificación del lector; aun del más escéptico.

La lectura, sin embargo, contadas veces conduce a sitio alguno. Por más que se lea. Por mejores lecturas que se acometan. Quien lee, si es lo suficientemente sensible, enriquecerá su existencia. Así, un buen libro será capaz de transformar la vida de sus lectores; y del mismo modo que su personaje protagónico ha sufrido cambios drásticos durante la historia, el lector será otro cuando concluya la lectura. Pero esto, se insiste, es excepcional. Porque la mayoría de los lectores, qué bueno, sólo se acercarán al libro para pasar el rato. Lo cual es envidiable, pues esos lectores se hallarán en un estado de asombro continuo, exento de contingencias extraliterarias.

No todos los lectores tienen las mismas preocupaciones. Al punto de que el concepto de lectura va de un extremo al otro, como un mantel que se quitara y se pusiera. Así, hay quien ejerce la lectura en los anuncios con los que se topa de su casa a la oficina. Y piensa que lee. También hay el que practica en los dos volúmenes sobre impermeabilización de azoteas. Y cuando se le pregunta: "¿Qué está usted leyendo en este momento?", responde sin ningún empacho: "Un manual sobre impermeabilización de azoteas". Es mejor responder: "Nada. En este momento no estoy leyendo nada". Peor todavía son los lectores de periódicos, quienes piensan que la simple lectura de diarios y revistas los faculta para opinar y exponer con aplomo en asuntos de cualquier índole.

De tal modo que habrá de delimitarse la lectura a la literatura. Dejar muy en claro que la literatura científica no es literatura, ni la médica, ni la culinaria. Porque literatura es creación literaria. Y la creación literaria comprende lo que se inventa, aquello surgido del mundo de la imaginación —aun anclado en la plataforma de la realidad.

Curioso: tal como el escritor selecciona un género —muchas veces no por voluntad propia, sino por las afinidades, las inclinaciones, los gustos— en el cual se siente a sus anchas, lo mismo sucede con el lector. Piénsese cuántos lectores hay que en su vida no han leído más que novela policiaca; otros, que únicamente se han asomado a la poesía, o los que desde luego nada más se han detenido en las novelas de ciencia ficción. De todos y cada uno podría decirse lo mismo: felices ellos. Porque persisten. Y porque, cuando menos hasta que terminen lo que están leyendo, tienen un motivo más para vivir. ■

XVIII

Vigila la puntuación. Es fundamental. Cuando se domina la puntuación se dominan muchas cosas. Pero no la conviertas en una diosa

Para Carlos Bortoni

Porque la puntuación es un enlace entre el corazón y la palabra escrita.

La puntuación sirve para proporcionar claridad al que lee. Gracias a la puntuación, el que lee entiende lo que está leyendo. Así de sencillo. Pero la puntuación es una adquisición reciente. Cinco o seis siglos.

Hoy por hoy, la puntuación es el auxiliar número uno de los lectores sin imaginación, incapaces de leer un texto mal puntuado; incapaces, por cierto, de aplicarle al texto las pausas como ellos las sientan.

En cuanto a los escritores, la puntuación es una coraza que le impide al narrador abrir el grifo de su imaginación y chorrear palabras. La puntuación termina por imponerle su propio ritmo al pensamiento. Es un recordatorio constante de que las frases deben viajar en barcos de vela y no de hélice. Es decir, la puntuación obliga al escritor a detenerse —y no precisamente para pensar dos veces lo que va a decir—. Y a no soltar las amarras. Si por la puntuación fuera, los escritores no se arriesgarían jamás.

La puntuación representa el mejor ejercicio de autocensura. En el simple hecho de poner una coma, el escritor habrá de revisar —en lo que dura una fracción de segundo, tiempo suficiente para abortar una idea—, todos sus conocimientos de gramática. Asunto tan odioso del corazón. Bueno es, por eso, cuando, aun excepcionalmente, el escritor encierra bajo llave las reglas y aplica los signos guiado por su intuición.

Podría escribirse sin signos de puntuación. No al estilo de aquella moda literaria que deliberadamente omitía la puntuación y que provocó la ira de las abuelitas; no por cumplir un empeño estético, sino nada más porque sí. Porque entonces el escritor advertiría que sus ideas fluyen libremente —que es así como fluyen los sueños.

De los signos, el más quisquilloso es el punto y coma (;). Se dice —los escritores viejos lo repetían, maravillados; ahora están muertos— que su empleo preciso sólo le está dado a los grandes maestros; en el sentido de que estos señores se han pasado largas y fatigosas noches estudiando sus usos y recursos, modalidades y peligros de su abuso; o bien, que lo usan por intuición… y aciertan. Sea una cosa o la otra, acaso Agustín Yáñez, ese grande, enorme escritor jalisciense, era un artífice del punto y coma. Insuperable.

Menos riguroso es el uso de la coma (,) pues entre una coma y otra van aquellas frases que parecen suspendidas en el aire. También, en un afán de restarle celeridad a la creación, se separan con coma los elementos de una enumeración. Por eso los escritores enumeran poco, nada más para no utilizar tantas comas. Es de imaginarse las enumeraciones lúdicas y despiadadas de no existir este signito.

El punto (.) es el menos desquiciante de los signos. Pero cualquier punto, pues el punto y seguido y el punto y aparte no dejan de ser agentes de seguridad de la Secretaría de Gobernación que todo escritor lleva dentro. Aunque el punto y seguido le da un ritmo pujante a la prosa. En cambio, el punto final no. Es otra cosa. Por su contundencia, por su mérito de ser el único signo que se escribe una sola vez, por su altísima categoría, su uso se justifica. Porque es el único signo que no ofrece posibilidad de error, y porque en algo hay que darle gusto a los académicos. En el uso del punto final, todo escritor que haya escrito un libro es maestro. ■

XIX

Los adjetivos son como los caballos desbocados; si no te puedes trepar, déjalos pasar

Para Jorge Borja

Los adjetivos son filosos, como un cuchillo cebollero. Y peligrosos. En la misma medida. Y es mejor dejarlos pasar que darse de topes en la pared por dominarlos. No hay adjetivo que se deje dominar. Su naturaleza es indómita.

La adjetivación siempre ha sido una cruz para los escritores. Hay quien se refiere a ellos como un circuito de competencia imposible de ganar. Hasta entrar a esa competencia provoca escozor.

Los adjetivos son como un pisa-papel, que impide que las hojas se dispersen y provoquen un caos donde antes había orden —Heráclito opinaría lo contrario, defensor a ultranza del montón de basura acomodada al azar.

Los adjetivos son como un pisa-corbata, que impide que la corbata ande de un lado para otro, como si la camisa fuera una pista de baile; hoy día, este artefacto ha pasado de moda y los señores prefieren que su corbata sea libre como el viento. Y uno se pregunta si no acaecerá lo mismo con los adjetivos. Si de verdad no sería preferible dejar que se acomoden a su arbitrio en lo que se está escribiendo.

Los adjetivos cambian de forma según el sustantivo que califiquen, y según el lugar que ocupen respecto del sustantivo. Por ejemplo —y, ojo, Borges ponía este ejemplo—, no es lo mismo el vino dulce que el dulce vino. Pero también es cierto que su forma cambia; es decir, la palabra adquiere otra dimensión hacia su interior. El adjetivo nos permite emprender un viaje insospechado hacia la parte oculta de las palabras. Insistamos en este ejemplo del adjetivo *dulce*. Si escribimos *dulce novedad*, la *novedad* adquiere otro carácter, cambia su forma; si decimos en cambio *terrible novedad*, también aquel término de *novedad* sufre un cambio ante nuestros ojos.

Los adjetivos son las puntas de una cerca de púas. Cortan los ojos cuando se los lee.

Los adjetivos ponen a prueba la paciencia del lector. Hay escritores que llevan de la mano al lector hasta que lo hacen detenerse ante la cerca de púas. José Revueltas es de ésos. Pero genial. Escribe y escribe un adjetivo tras otro. Y cuando nos percatamos, ya estamos metidos hasta el cuello en el alma de aquel sustantivo. Pero esto muy pocos, contados, lo logran.

Los adjetivos se suceden como una camisa tras otra que se ciñera el personaje. Y aun antes de que el lector pueda imaginárselo con la primera camisa, ya tiene encima la segunda, y la tercera, y la cuarta. Esto acontece con los escritores bisoños. Pero pasan más cosas. Las enumeraciones de adjetivos se erigen como una Torre de Babel. Cuando estos escritores no saben qué decir, enumeran características de la cosa que sólo complican la lectura.

Es tan lindo escribir un adjetivo tras otro. Que se desparramen como una lluvia que viésemos desde la ventana.

Podría jugarse hasta la saciedad escribiendo adjetivos.

Digo que José Revueltas tenía el talento para hacer de sus enumeraciones piezas de artillería, pero esa adjetivación es un arma cargada en manos de un inexperto. Y no hay que dejar armas al alcance de los niños.

Y hablando de niños, sería muy útil para el buen desarrollo de su inteligencia que se les impidiera usar adjetivos —cuando menos hasta determinada edad—; que se les obligara a exprimir su razonamiento hasta las últimas consecuencias, vía la metáfora o la comparación: "Ayer mi mamá se puso un vestido del color de la sangre", dirían en vez de recurrir al adjetivo *rojo*. O: "Mi papá se compró un coche del color del cielo", dirían en vez de emplear el adjetivo *azul*; aunque alguien podría pensar que el color aludido es el gris y no el azul.

Los adjetivos acarician las palabras. Son el enlace entre lo que se piensa y lo que se siente. Son las teclas del piano.

Los adjetivos son incontrolables.

Es posible hacer travesuras con los adjetivos. Como una colcha de retazo, exactamente como aquellas que urdían las abuelitas. ■

XX

La mitad del chiste de escribir consiste en pensar; la otra mitad en tachar lo que se escriba. Hasta volverse loco. Hasta emparentar la literatura con la locura

Para Mariana Torres

Todo el tiempo hay que estar pensando en lo que se escribe. En la carretera, en el aire, en el atrio de una catedral, en el elevador de la oficina. La escritura debe convertirse en una necedad. En algo que no podamos extraer de nuestro cerebro. Como un quiste. Eso, la escritura es un quiste.

Si escribir es cuesta arriba, corregir es picar piedra. A rayo del sol y sin remuneración ninguna. Pero es lo más placentero del acto de escribir. La corrección está reservada para los gladiadores de espíritu. Para los escritores que no se dan por vencidos.

Que la locura los anima.

El ejercicio de la escritura está anclado en la vida misma, en el corazón de la vida misma. Escribir remite necesariamente a las entrañas más inexpugnables de la condición humana. A diferencia de otras artes, incluida la música misma, en que se puede crear arte verdadero por el solo sortilegio de invocar el lenguaje propio de ese arte, en la literatura las cosas acontecen de modo muy distinto. Como lector, uno siente ese efecto desde las primeras líneas. Me explico: cuando lo leído se incrusta en la esencia misma del alma, cuando aquello leído comienza a abrir la ventana de un horizonte humano (paradójicamente, porque el viaje es hacia dentro, no hacia fuera), cuando uno siente que ahí mismo está sucediendo algo de vida o muerte, que alguien se está jugando la vida con lo que está escrito, que esas palabras parecen escritas por una mano trémula, exactamente con el mismo pulso con que se escribe una nota de suicidio, cuando ocurre todo esto se está leyendo literatura cabal. El efecto contrario es evidente. Cuando se llega a determinado libro simplemente porque fue escrito por un autor de moda; o porque dicho libro es producto justamente de una moda literaria; o porque un cineasta se basó en ese libro para dirigir su película; o porque se han vendido doscientos mil ejemplares, o porque cuando se empieza a leer aquel libro uno se percata de que aquellas líneas son mera espuma, perfectamente acomodadas una tras otra pero sin asomo de desgarre, cuando uno siente que aquella historia no es tal, que es una estampita, cuando uno exclama: "¡Dios, este escritor me está engañando!", cuando uno dice eso, aquella literatura es superficie, y no precisamente como la del mar, que por debajo de aquella apacibilidad todo un universo de seres está luchando por sobrevivir.

Este tipo de literatura jamás podrá ser comparada con locura alguna.

Porque no hay loco que juegue a estar loco. No hay locos esnobs. No hay locos que concursen a ver quién está más loco, quién lleva la locura hasta las últimas consecuencias; quién convoca a una rueda de prensa para demostrar su locura. O, para decirlo en pocas palabras y en términos de escritorcitos, no hay locos *lights*.

¿Y dónde quedó la literatura pegada a la locura?

Dentro de todo ser humano existe un dios terrible, cuya sola vista hace perder la razón. Y hay quien escribiendo lo entrevé, mira tras la cortina ese ente monstruoso tal como lo contempla un loco cada vez que se ve en el espejo, que se oye a sí mismo hablar sin pronunciar palabra, que se toca cuando recorre su cuerpo con sus propias manos aun con las manos inmovilizadas.

Ese ente monstruoso es ese mismo hombre que se contempla, se escucha, se toca. Ese ser monstruoso es el escritor mismo. ■

XXI

Cuando escribas ponte cómodo; vas a necesitar estar descansado al momento de revisar lo que has escrito. Tachar es lo que más tiempo lleva. Lo más arduo. Porque se tacha uno a sí mismo. Y eso pocos lo soportan

El ejercicio de la crítica no es para blanditos ni para pusilánimes. Pocos se atreven a tachar lo que han escrito con todo el corazón. Porque es un paso en el crecimiento de sí mismos. Y eso es más importante que crecer escrituralmente.

Tachar, borrar, eliminar, suprimir, es tarea de todo escritor que se precie de serlo. Desde el momento en que se emprende la escritura de un cuento, de una novela, de un poema, de un ensayo, hay que tener listas y a la mano las herramientas indispensables. Papel, lápiz, goma de borrar y diccionarios. O todo en una sola cosa: la computadora. Pero el chiste no está en tener las cosas listas, sino en saber usarlas.

Pocas cosas provienen desde el interior más profundo, como la literatura. Y lo que emana del alma es inviolable. Cuando menos el noventa y nueve por ciento de la humanidad estaría de acuerdo en esto. Pero lo que sale del alma sale torcido. Excepto Mozart y alguno que otro iluminado, todo mundo ha tenido que someter su trabajo, llámese literatura, música, plástica o como se guste, a una corrección ardua para que aquello sea digno ante los ojos u oídos de otras personas. Una docena de personas, quinientas personas, mil millones de personas. Al trabajo —y el arte es un trabajo— hay que darle el mejor terminado posible.

Que siempre podrá quedar mejor, es otra cosa. Y cualquiera lo sabe, sea un carpintero o un jardinero, una cocinera o una costurera. Todo consiste, primero, en pensar, y, segundo, en adaptar la corrección a nuestro propio ritmo. Esto es, corregir es una actitud ante la vida.

Pensar y pensar. Cuando se está escribiendo un libro, digamos una novela, digamos un volumen de poesía, la concentración debe estar trabajando al máximo en aquello que se está escribiendo. Porque mientras no se está con la pluma en la mano, el cerebro pasa lista a todos los elementos de lo escrito. Sobre lo que se ha hecho, sobre lo que se está haciendo y sobre lo que se hará. Es increíble la maquinaria cerebral. Desfilan por sus engranes personajes, situaciones, tramas, atmósferas; o bien, palabras, metáforas, imágenes. Hasta nombres de personajes se mueven entre las ruedas de aquella maquinaria que avanza y a su paso destruye y construye.

Pensemos, pues, en una historia de la cual sobrevendrá una novela, un cuento, un relato. Una mujer presa de los celos quiere matar a la esposa de quien es su amante. Se la pasa urdiendo un plan perfecto. Quiere que el esposo sea nada más para ella. Le extrae a él toda la información. Pero no le dice lo que está por hacer. Decide que el veneno es la solución. Mismo que inocula en los chocolates que el esposo le suele regalar a su mujer. Hasta aquí todo va bien, pero siempre acontece algo inesperado. En este caso, que a él se le antojen los chocolates y los devore. Pensar en la historia, en todas las variables que puedan atravesarse, es tarea de la concentración. Cualquier hallazgo, cualquier posibilidad, viene a la mente en el momento más imprevisto. Se puede estar viendo la televisión o caminando rumbo a la tortillería, cuando se produce la luz en el ábrete sésamo del cerebro.

Solamente la introspección, la concentración, el pensamiento volcado en la oscuridad de nuestro interior, es capaz de revelarnos el sentido oculto de la vida. Sus fundamentos. Que ése y no otro es el verdadero cometido del escritor. Hacia allá va. Pero para lograrlo, tiene que hacer a un lado los escollos cotidianos. Como son los errores de su escritura. Ése es el destino de la corrección. Que se convierta en una actividad implacable. Sin concesiones. No importa el daño que cause a su paso. A la vanidad y la soberbia. ■

No te enamores. Porque el amor estorba al momento de escribir —y a veces también después—

Dícese, entonces, que el amor tensa y prefigura la escritura. Que bien visto, colma de pasión las letras que acomete el escritor.

Pero en la misma medida el amor estorba.

El escritor insuflado de pasión amorosa piensa que sus textos son valiosos sencillamente porque están escritos bajo el ardor de la exaltación. Cree que su amor es sujeto de interés del primero al último de los lectores. Dotado de buena fe, este escritor sólo tiene delante de sí, al momento de ejercitar su escritura, la reacción de su amada. Escribe para ella, para la satisfacción de ella, para el gozo de ella. Y en esa medida, tuerce el cuello de su escritura. Para complacer a esa mujer, "su" mujer —ese ser humano que lo imbuye de vida—. En efecto, apenas imprime sus cuartillas corre hasta aquella mujer a mostrarle lo que ha hecho. Para él no hay juicio más importante; ni siquiera le interesa escuchar "su propia opinión". Tiene metido el olor de esa piel, el sabor de esos labios, el perfume, la intensidad de esa mirada, todo esto lo tiene incrustado hasta el tuétano. Y aquello, en su totalidad, permea su creación literaria. Escribe en razón de ella y por ella; es decir, se limita al escribir; no permite que su espíritu se hinche y se expanda al viento, como el velamen de un barco.

El escritor apasionado de una mujer se torna intolerante. Se obnubila y cree que, por estar sus palabras acometidas de amor, habrán de ser literatura. Le ocurre exactamente lo que al escritor que pone su pluma al servicio de una causa social. Ese escritor que escribe por darle un giro al sistema, destruir un gobierno o modificar su realidad política; le ocurre la misma cosa, que ve en sus textos grandes páginas literarias. Se imagina que por tocar temas que afectan a la mayoría de las personas, ya tiene un lugar ganado en los anales de la literatura. Se imagina, pues, que "escribe".

La literatura está por encima de una y otra cosa. No por ser textos inoculados de amor se salvan de ser basura —cuando lo son—; no por ser textos inoculados de enjundia social se salvan de ser basura —cuando lo son.

Más interesante, entonces, es preguntarse bajo qué condiciones nace el texto literario cuando el autor está exacerbado de amor. Es muy simple: las verdaderas cuartillas son aquellas creadas a pesar de haber sido escritas para los ojos de una mujer; aquellas líneas que dejan muy atrás el enjambre amoroso y valen por sí mismas, sin retruécanos romanticoides ni previsibles e hipocondriacos lirismos. Esto lo debe tener claro el escritor, aunque en eso se le vaya la mitad de la vida. O aunque en eso pierda para siempre a esa mujer.

De verdad, este hombre accede a la literatura contagiado de un sentimiento poderoso. Quiere complacer, deslumbrar, asombrar a la mujer que ama. Error. Craso error que se afianza en la raíz del alma misma. Supone, aquel escritor, que con palabras que "suenen bonito", que digan "cosas lindas", ella habrá de amarlo a perpetuidad. Si por un solo instante pudiera mirar sus textos bajo la óptica de la objetividad, se sentiría tristemente decepcionado. Ése es el punto. Que se reconozca un escritor mercenario. Mercenario porque está sacrificando su arte; o lo que él estima como arte. A partir de ahí, de que lo reconozca, lo pensará dos veces antes de que su musa descanse los ojos en aquellas cuartillas.

Así pues, el amor es uno de los obstáculos más apabullantes que debe vencer el escritor, si de veras quiere ver cristalizado su trabajo. Habrá de ser lo suficientemente inteligente para nutrirse de ese amor, para absorber todo ese sentimiento, verterlo en su torrente sanguíneo, y hasta ahí. ■

XXIII

Una frase bien escrita vale oro. Que diga algo consistente, que suene bien. Que se entienda. Lástima que esas frases no las venden en las joyerías. El escritor tiene que fabricarlas

Cada escritor es un joyero. Cada escritor fabrica su mejor tarjeta de presentación, que son las joyas que salen de su tenacidad.

De pronto se lee, exactamente como se revisa un automóvil. Se le mira por todos lados. Se pondera su pintura, se aquilata el diseño, se valora lo que salta a la vista. Ya después llegará el momento de probar su maquinaria, de admirar sus interiores. Así acontece con la prosa. Que se la lee y los párrafos se suceden, hasta que se pasa de una página a la siguiente. Y a la siguiente y a la siguiente. La historia prosigue, las tramas se enganchan, las atmósferas cautivan, los escenarios apuntalan, los personajes se articulan. Hay buenos, hay malos. Hay personajes protagónicos y personajes peones —cuya presencia no marca la acción, pero sin cuya presencia la acción no se armaría; como se arma una pieza de artillería, en la que cada pieza es insustituible.

Pues así se está leyendo, cuando aquí o allá brinca una frase. Un compendio de palabras atravesado por la belleza. No es fácil que esto acaezca. Pero el relámpago de la poesía es imprevisible. Y en medio de la prosa más acre, cae desde la bóveda celeste y fulmina aquella frase. La hace relevante ante los ojos del espíritu. Relevante de otra manera. Tiene algo que la distingue. Brinda algo que el resto de las frases no. Hay escritores en los que esta circunstancia sucede con mayor frecuencia; como en los casos de Juan José Arreola y Juan Rulfo. Que en el momento más inesperado de su lectura, salta una frase escrita como con manos de ángel. Y cantarina, además.

Son frases lejanas de la prosa áspera, pero cercanas al alma del escritor por el lado de la tersura. Son frases que, con un poco de suerte y perseverancia, si se sabe exprimir en la parte más jugosa, cualquier escritor avezado es capaz de escribir. Unos mejor que otros. Hay quien las rehúye deliberadamente porque el resultado puede ser contraproducente. Un lector común y corriente —como lo es la mayoría— se conforma con una frase limpia, que ya es mucho pedir —y lograr—. Pero que además haya esta presencia poética... —"¿no se estará pidiendo demasiado?", se preguntará alguien; no, en literatura jamás se pide demasiado. Es costumbre que quien exige mucho, dé mucho; decía Schumann. Ese lector exigente justipreciará al autor de aquellas líneas hasta el colmo de la celebración—. Pero el resultado puede ser contraproducente porque aquellos escritores de palabras punzocortantes se esmeran en provocar en el lector la sensación de que está caminando sobre ascuas, no sobre una alfombra de pétalos. Así entonces, hay autores que las evitan porque aquellas frases pueden distraer, o cuando menos resultar un estorbo. Esas frases destacan por encima de las demás como si fueran volcanes en medio de un valle, que es inevitable que atraigan y llamen poderosamente la atención. Cuando se quiere producir un efecto especial, el escritor habrá de estar preparado para la utilización de estas frases como recurso literario-narrativo. Y así podrá emplearlas en la medida que sienta que su prosa se aplana. Y que urge un remedio.

Pero esto no debería ocurrir, que un escritor tenga que recurrir a estas frases para darle un levantón o un giro a su texto. Es una concesión. En primer lugar porque acaso sea ése su estilo, seco, antipoético, duro, y no deba mirar hacia el otro lado de la calle, el del hermoso césped regado con aspersor; y, en segundo, porque la prosa sólida no tiene por qué reblandecerse, desplomarse.

La prosa granítica habrá de ser capaz de resistir los embates de un tsunami, y por *tsunami* se entiende la crítica más despiadada. La prosa granítica va incluso más allá de las ideas que contenga. Produce en el lector el deleite de la cascada en movimiento. Y el estrépito. ■

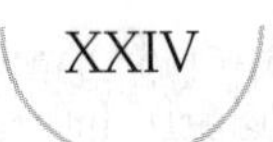

XXIV

Lograr la concentración lleva mucho tiempo, y perderla es cosa de segundos. Sea como sea, sin concentración nadie escribe. La concentración cuenta, casi tanto como la ortografía. Por cierto, una ortografía excelente no se obtiene sin concentración. Hablemos de la ortografía

Es una lástima que la concentración no se anuncie en la Sección Amarilla. La compraría uno por kilos. Ejercicio que se debería aprender desde los primeros años, la gente capaz de concentrase tendría un mejor rendimiento lo mismo en sus relaciones de trabajo que en las personales. Visto así, que un niño ejerza la concentración le significaría la mitad del camino andado. Porque la falta de concentración genera distracciones que se pagan muy caro. En cuanto a las palabras se refiere, la ortografía es muestra de una concentración esmerada.

Quién no lo sabe: la ortografía es tema espinoso, que entra con dificultad, y no sólo porque tener buena ortografía —muy pocos se jactarían de poseerla a nivel de excelencia— es cosa de unos cuantos, sino porque los más se sienten íntimamente lesionados pues siendo asunto de muchos sólo les compete a los menos.

No es condición de una buena escritura la ortografía, pero sí de solvencia intelectual. Y de educación. Cuando menos eso decía mi abuela, que a la menor provocación era capaz de violentar la bendita quietud: "A ver tú, ¿cómo se escribe *genuflexión*? Dímelo letra por letra...", y pobre de aquel que esquivara la mirada: "Oye, oye, no te hagas y deletréame *absceso*". Es de imaginarse la vida al lado de una psicópata de la ortografía.

Ortografía viene del griego *orthós*: "correcto", y *graphée*: "escritura", es decir, "escritura correcta de las palabras". Término del siglo XV según el *Diccionario etimológico general de la lengua castellana* de Fernando Corripio. Y cómo iba a ser de otro siglo, si en 1492 vio la luz la *Gramática* de Antonio de Nebrija en la que los ojos inflamados de curiosidad se detuvieron en la palabra *ortografía*, invención de aquel obsesivo —afirman los estudiosos.

En efecto la ortografía no es condición de la escritura vigorosa. A quien esto firma, le ha correspondido revisar textos de reclusos verdadera y absolutamente atiborrados de faltas de ortografía, donde no cabe un solo error más porque sobrevendría un colapso; pero de textos que sacuden el alma y abren puertas.

Elegancia y delicadeza van de la mano cuando se trata de ortografía. Tan es así, que la ortografía burda no sólo provoca desencanto sino repudio. El estómago da un vuelco cuando se topa con faltas imperdonables. "¿Cómo es posible?", se pregunta el mártir que en el colmo de la parsimonia lacera su cuerpo para ser grato a los ojos del Señor —y hablando del Señor qué bueno que no se le ocurrió mostrarle un original con faltas de ortografía a Job, porque el blasfemo habría pasado a la historia por otra causa.

Alguna vez pretendí hacer una recopilación de las faltas de ortografía en los espectaculares. Me di por vencido.

La ortografía va mucho más allá de las reglas de la señora gramática. Su correcta escritura exige cierta intuición que rebasa los modestos alcances de la metodología. Sin duda saberse las reglas es benéfico, pero no basta con eso. Existen dos recursos para hacerse de una ortografía pasable: la lectura y la aplicación de trucos. Mediante la primera, aun sin quererlo la mirada se fija en la escritura de determinadas palabras de suyo complicadas; y en cuanto a lo de los trucos, por ejemplo es muy útil pedirle ayuda a una palabra hermana. Si yo quiero escribir *incisión* e ignoro su correcta escritura, no tengo más que escribir *inciso* y guiarme con la tranquilidad de quien se sabe en el camino correcto: *c* seguida de *s* y párale de contar.

Una falta de ortografía en un simple mensaje hace quedar mal a quien lo escribe, y de paso a quien lo manda. En cambio, escribir unas cuantas líneas sin falta ortográfica alguna, habla bien de esa persona. Incluso se le sobrevalora. Porque automáticamente se le piensa no sólo culto, sino buena persona. Cosa exagerada pero que se explica.

No hay nada más reprobable que toparse con faltas de ortografía en un libro. El impacto que produce en el lector avezado es terrible. Se corre el riesgo de que el libro se caiga de las manos.

Mi madre le aconsejaba a mi hermana tirar a la basura las cartas del pretendiente que tuviese faltas de ortografía, por "zafio". Antes o después de mandarlo al diablo, daba lo mismo. ■

XXV

Ten siempre a la mano un diccionario, y consúltalo cuando hayas terminado lo que estés escribiendo. Por buscar la palabra se te puede ir la idea. No se te olvide. Los diccionarios son eficaces, pero estorban. A la hora de escribir —y de acomodarlos—

La mayoría de los escritores valora más de la cuenta el poder de los diccionarios. Y eso es loable, siempre y cuando el diccionario no se engulla la idea. Que suele pasar.

Mamotretos, les dicen algunos; *tumbaburros*, otros. De entrada, se les tiene miedo. Quizás porque cada vez que se les abre, le restriegan al lector su ignorancia. En eso son implacables; pero de que tienen su encanto, lo tienen.

Los hay de infinidad de especialidades, casi tantos como saberes proliferan. Está el diccionario de medicamentos, o el automotriz; también el de mitología, y el de criminalística; o el de términos náuticos, u onomásticos. Y no podían faltar los de literatura e ismos literarios. Y los de ciencias. Y cómo no pensar en el de la Biblia, y en el de santos.

Cada quien recurre al diccionario que mejor le va con su actividad, o simplemente con su curiosidad. Sin embargo, al parecer los más difundidos son los que tienen que ver propiamente con el lenguaje, es decir los denotativos y derivados. Son los que suelen encontrarse en la mesa de trabajo de esos señores mal encarados, excelentes publirrelacionistas y, generalmente, pésimos redactores; esos señores llamados *escritores*. Entre tales diccionarios, valdría la pena citar:

- El *Diccionario etimológico general de la lengua castellana* de Fernando Corripio. Es tan útil como un hoyo en la cabeza, pero es fascinante (y entre la inutilidad y la fascinación, me quedo con la segunda). Porque en el ejercicio de la escritura, de pronto las palabras semejan aves que emprenden el vuelo hacia sitios remotos, hacia sus lugares de origen. Desde la hoja blanca le dicen adiós al autor. Entonces dicho hombre abre el *Diccionario etimológico* y lee la entrada de esa palabra, acaso para convencerla de que regrese y cumpla el cometido para el que fue creada. De tal modo que si ha escrito la palabra *sapo*, bien valdría la pena enterarse del origen de este término antes de que brinque y no le vea ni las luces: **sapo** *vascuence*: sapo. Siglo XIII –Batracio del orden de los anuros.

- El *Gran diccionario Larousse de la conjugación.* Indispensable. Tarde o temprano un escritor se topa con un verbo cuya conjugación ignora. Es horrible cuando se tropieza en este asunto. Algo que debería saber. Cuando en lugar de decir "¿y si mejor *desuello* el venado…?", dice "¿y si mejor *desollo* el venado?". O cuando se equivoca en los acentos y escribe *hui* por *huí*. Con este diccionario a la mano no hay la menor posibilidad de equivocarse en estos temas, siempre que se tenga la sensibilidad suficiente para prevenir el equívoco.
- El *Diccionario del español moderno* de Martín Alonso. Único. Su estructura es tan simple como fecunda: sencillamente trae el significado de cada palabra más el periodo histórico a que pertenece. Nadie que no estuviera escribiendo una novela histórica que aconteciese, digamos, en el siglo XVI español, se atrevería a escribir con un diccionario como éstos de cabecera, consultando si cada término pertenece a esa época o no; pero qué deleite es adquirir conocimientos de esos datos por el puro gozo. Abrir el diccionario y leer: **violín**. M. Instrumento músico de cuerda y arco, el más pequeño y agudo de su clase. // Violinista. // En el juego de billar, soporte para apoyar la mediana.// *R* [Renacimiento].
- El *Diccionario de incorrecciones* de Fernando Corripio. Inevitable. Es el único diccionario que saca de cualquier aprieto al escritor. Al lado suyo, su homólogo, el *Diccionario de dudas* de Manuel Seco, vale para dos cosas. Una de ellas, provocar estados de hilaridad en deprimidos. Es de imaginarse al escritor. Concentrado en su texto, apura las palabras con la misma pasión con que apura los besos de su amada o los tra-

gos de su whisky; pues ahí está, enfebrecido por la creación de su universo cuando se topa con un problema irresoluble. Escribe: "Entonces, sangrando por la boca y la nariz, conmocionado aún por los puñetazos y las patadas, fue a quedar en medio de las dos mujeres, que lo miraban estupefactas...". Ha escrito esto y de pronto se queda perplejo: "*Enmedio*, ¿es junto o separado? Qué diablos". Un consejo: no hacer caso de esas tonterías cuando se está escribiendo sino en la revisión general. Bien. Entonces abrirá su *Diccionario de incorrecciones*, y leerá: **en medio** "Colocarse *enmedio*", es incorrecto; debe escribirse en dos palabras: *en medio*. "Surgió *en medio* la batalla"; es incorrecto, falta la preposición *de*: ... *en medio de* la batalla. "Habitar en medio *de* palacios"; dígase mejor "Habitar *entre* palacios".

- Y un diccionario que no se localiza en la mesa de trabajo de un escritor, pero que es delicioso —aunque tiene sus errores—: *Diccionario Harvard de música.* ¿De qué otro modo nos íbamos a enterar que la *Sinfonía del mar* de Vaughn Williams está basada en poemas de Walt Whitman?

Pero no es posible concluir estas líneas sin mencionar el *Diccionario del Diablo* de Ambrose Bierce. Que para muchos —desde luego para quien esto escribe— es la Biblia del humor negro y de la corrosión. Y cuya lectura hace más soportable este martirio de vivir. ■

XXVI

Al momento de escribir, los escritores se ponen un chaleco antibalas que los protege del ridículo. Si quieres escribir en serio, deja tu chaleco antibalas colgado en el clóset. O póntelo cuando salgas a las 2 de la mañana

Y que se lo ponga el que viene atrás. Los que usan chalecos antibalas se sienten a salvo de todo; y la literatura se trata exactamente de lo contrario, de exponerse como un perro en el Periférico. Leamos lo que se dice a continuación, y estimemos si es ridículo o no. ¿Cómo es posible que un hombre abra su corazón de esa manera, hasta hacernos estallar de la risa? ¿Vale la pena leerlo? Cada quién. El nombre del autor es lo de menos.

1) No soy escritor. No me considero escritor en el sentido de que el escritor trabaja con la vida, de que la materia prima con la cual trabaja el escritor —más aún que el sacerdote, más aún que el psicólogo, más aún que el narco— es la vida. La vida es infinita. De ahí que el trabajo de un escritor sea infinito. Tarea imposible de realizar. Quienes más se han acercado al límite de la infinitud, quién no lo sabe, son, sin duda alguna: Shakespeare, Dostoievski y, el número uno, Homero.

2) No soy escritor pero vivo de la palabra escrita —y hablada—. Me pagan por escribir. Sean colaboraciones en los medios o regalías.

3) Mencioné que vivo de la palabra escrita y de la hablada. En efecto, coordino talleres literarios. De ahí extraigo muestras de joven y talentosa literatura. Tiro por viaje descubro a un nuevo escritor. Mi trabajo es orientarlo y, si es posible, coadyuvar para que sus textos vean la luz. Así sea una muestra mínima (tengo columnas en revistas literarias que lo avalan). Y no se piense que soy muy buena persona; nada de eso, simplemente

me entusiasma mostrar que no nada más las editoriales españolas tienen la razón cuando nos dicen quiénes sirven y quiénes no.

4) Mi literatura está empapada de alcohol. Como la música de Revueltas. Como la música de Mussorgsky. Como la poesía de Verlaine. Como la pintura de Franz Hals. De cada palabra que escribo escurre una gota de alcohol. Quisiera más. Quisiera que estuviera empapada de belleza. Que la música que escucho sin cesar se desparramara en las palabras que escribo. Que tanta belleza de la que me nutro se detectara en lo que escribo. Que mi prosa resultara grata al oído, como si se estuviera escuchando el concierto para dos violines de Vivaldi. Pero la palabra es la palabra y la música la música.

5) Así como tiene el tufo del alcohol, quisiera que la belleza femenina se contemplara tras las líneas que escribo. Las mujeres han sido parte esencial de mi trabajo literario —que a eso se reduce lo que escribo; no es lo que los académicos entienden por *obra*, término que a mí me parece pedante e insufrible, y que sólo es aplicable en el caso de determinados autores—. Digo que las mujeres se han filtrado en las líneas que escribo. Como una suerte de oxígeno. El aliento de las mujeres le da ligereza a los cientos de párrafos que han salido de mi mano. Ahora mismo la imagen de una mujer resplandece tras estas líneas que pergeño. Es ella, no puede ser otra. Distingo sus ojos luminosos. Su rostro propio del Mediterráneo. Su piel en la que los dioses han depositado la mirada. La generosidad de sus pezones de los que he bebido la quintaesencia de la vida. Ella está tras mis pobres e insignificantes líneas. Como un corazón que palpitara y que me obligara a soñar.

6) He tirado la mitad de lo que he escrito. Nunca quedo satisfecho. Solamente atesoro las críticas destructivas. Las que hablan bien de mi trabajo me hacen pensar que aquella persona no sabe nada de literatura. Es increíble esa sensación de incertidumbre en lo que se refiere al acto de escribir. Siempre se parte de cero. Como si no hubiese un pasado. La experiencia sirve para otras cosas. Para amar a una mujer. Para desvestirla con ternura y malicia. Para recorrer cada parte de su cuerpo con amor y devoción —por más difícil que sea de creer, la devoción tiene lo suyo en una relación amorosa.

7) Me ilusiono como un niño con juguete nuevo cuando descubro un adjetivo pegado a su sustantivo. O cuando se me revela una trama lista para narrarse. O cuando el título de un poema cae como anillo al dedo. Pero no me engaño. Sé que tarde o temprano los editores se percatarán de que soy un fraude. Y me van a decir "hasta aquí llegaste". Agarra tus cosas y vete. Y entonces regresaré a un estado de pureza. De donde no debí haber salido jamás. ■

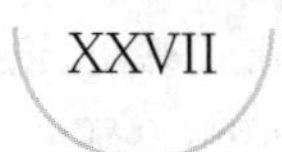

XXVII

No uses más palabras de las necesarias. La literatura está llena de palabras que sobran

La tendencia es escribir profusamente, con más palabras de las que se necesitan para expresar una idea —si por idea entendemos también un hecho narrativo—. Y se vale, siempre y cuando se tache lo que sobra.

Las palabras son al texto lo que el cinturón al cuerpo humano. Si no las ajustamos, tienden a crecer desproporcionadamente. Ahora, ¿quién se atreve a ceñirse el cinturón?, ¿a tachar lo que se ha escrito con tanta pasión?

Muy pocos. Porque el escritor tiende a regodearse de su escritura. Es como el explorador que se devuelve a mirar sus huellas. En cada huella encuentra algo insólito y permanente. El escritor se engolosina de las palabras que ha escrito y no tiene corazón para eliminarlas. Presiente —sin duda equivocadamente— que son muestra de talento y enjundia.

Se tiene o no se tiene el talento literario. Pero acaso escribir copiosamente sin esa capacidad de aniquilar lo que sobra es el peor daño que un escritor se puede hacer a sí mismo. Peor todavía que no saber qué decir. Porque se escribe sin corregir, y, de pronto, aun el más anodino de los escritores ve desfilar enfrente de él tantas palabras, tantas oraciones formadas en fila como aquellas huestes de federales que habrían de morir bajo las balas de los villistas, tantos escritores ven desfilar esta procesión que en lugar de eliminarla se les sale el corazón y la defienden a toda costa. "Es lo más hermoso que he escrito en mi vida", dicen, y su misión como escritores queda contaminada y es sepulta.

¿Quién que escribe no ha escrito así? ¿Quién no ha visto desfilar decenas de palabras con la escopeta al hombro, cientos de palabras, miles de palabras, y ninguna da en el blanco? —¿acaso me estarán apuntando a mí?, se preguntará—. ¿Por qué razón no han dado en el blanco? ¿Por abulia? ¿Por desidia? ¿Porque aun las palabras más irrelevantes parecieran revelar el destino de Aquiles?: que es el de creer en su inmortalidad antes que en su vulnerabilidad.

El escritor debe mantener la guardia bien firme cuando se enfrenta a sus propias palabras. Si no las contempla como enemigas está condenado a muerte. Escribir, bien recuerda a aquel personaje de un cuento sufí en que el protagónico había de caminar entre áspides. Y lo logra porque no se confía. No confía en su destreza ni en su pericia. Ni siquiera en su humildad, que es mucha. Sabe que su vida está en el límite y sólo de esa manera es capaz de confrontar los hechos.

El escritor tiene un enemigo en puerta, que es él mismo. Cualquier artista que haya trascendido la línea de la autocomplacencia, sabe lo que significa la palabra *exigencia*. Antes que a escribir, un futuro escritor debería enseñarse a ejercitar la disciplina. Bien podría hacerse de un archivo que contuviese las reglas de oro —si es que en esto puede haber reglas de oro—, y cuyo origen no es otro que la sabiduría popular, que, dígase lo que se diga, es válida en momentos críticos, que son los que cuentan:

1) *No dejes para mañana lo que puedas hacer hoy.*

Porque siempre hay cosas urgentes que hacer, y el escritor bisoño pospone la escritura de su cuento, de su novela, la confección de su poema, para mañana. Que nunca llega.

2) *Nadie nace sabiendo.*

Porque es muy común que el escritor quiera ir más allá de sus propios límites. Como si tuviera la obligación de rebasarse a sí mismo. Lo cual precipitará su escritura. Más le vale paciencia. Que en cuestiones de literatura, hay que armarse de paciencia —paz y ciencia…

3) *El que persevera, alcanza.*

La frase más hermosa, el argumento más indestructible, brotan de una espada que se fraguó al rojo vivo. No nacieron de la nada. La vida es esa espada para el escritor, y el fuego su exigencia escritural. ■

XXVIII

A la mayoría de los escritores no les basta con la Secretaría de Gobernación que censura lo que escriben. Basta con desabotonarles la camisa para descubrir la Secretaría que llevan dentro. Aun más severa

Tengo miedo. Un miedo aplastante y malévolo. Un miedo que se aparece atrás de cada palabra que escribo. Dios mío, quítame ese miedo de encima. Hazme un individuo seguro de mí mismo, capaz de enfrentar cualquier crisis. Desaparece este cobarde que soy yo. Dime cómo hacerlo.

Esta plegaria debería exclamarse todos los días. Esta plegaria debería ser dicha por un escritor cada vez que se sienta ante los dispositivos para escribir. Sean cuales fueren. Porque el terror a escribir no se cura con una computadora de las más avanzadas. Ni con recurrir a la tradición legendaria de escribir a mano. Y la verdad, tampoco con la plegaria.

Lo más probable es que nunca se quite. Que el miedo permanezca. Sobre todo cuando se escriben temas que provocan la autocensura. Pero esto tiene su ventaja. Porque nada le es más grato a un escritor que escribir contra el mundo, y en primer lugar contra el mundo que lleva dentro. Que escribir contra sí mismo.

Hasta hace no mucho, el Estado metía la mano en lo que se escribía. Sobre todo en la literatura de medios. Se revisaban periódicos y revistas, y no era posible publicar palabras altisonantes, descripciones explícitas de coitos, situaciones que, desde el punto de vista del censor, propiciaran conductas erráticas en los lectores —sobre todo en los jóvenes—. O que se consideraran una falta de respeto para la institución gubernamental. O para la figura presidencial. Entonces aquellos hombres de letras que escribían para los medios, decían veladamente lo que tenían que decir. El mismo mensaje pero con otras palabras. Y el lector se decía cómo es posible que hayan permitido que se publiquen estas cosas, cuando lo que pasaba era que estaban dichas en forma muy inteligente. Ante los ojos de todos. Pero con astucia, con malicia.

Pero si bien existía una Secretaría de Gobernación que se encargaba de aplicar candados y que hoy por hoy está de acuerdo en que se escriba todo lo que pasa por la mente del autor, en cambio la SG que todo escritor lleva dentro no da su brazo a torcer. Porque esa SG es insobornable. No hay modo de convencerla. Y cantidad de veces el escritor prefiere mantenerse sordo al dictado de su corazón. De este lado no se oye, dice, y escribe sobre otros temas.

Cuando sucede lo contrario, cuando el escritor se abre de capa y espada y escribe los temas que para él son altamente censurables, entonces ese escritor se lee con respeto. Porque se está jugando cosas. No está tomando la literatura como un abanico para quitarse el calor, sino como una fuente para saciar su sed y no morirse a la mitad del desierto. Un escritor obsesionado no puede permanecer al margen de estas pasiones. El lector sabe perfectamente cuando esta situación acontece. Por él mismo. Lo siente en carne propia. Se limpia el sudor de la frente. Sin saberlo, a partir de ese momento tal lector admirará a ese escritor. Y lo buscará. Estará atento de sus publicaciones, sea en medios o específicamente en libros. Pues pocos son los escritores que se atreven a descubrir su corazón. Es decir, a relatar sus miedos, sus temores, los resortes más íntimos que acicatean su existencia. Al momento de escribir, la mayoría prefiere hacer caso omiso de eso y llevar al lector hacia otros ámbitos. Creen además, estos escritores autocensurados, que la erudición puede sustituir a la emoción de contar su propia experiencia humana; cuando más bien debería ponerse la erudición al servicio de la emoción. Hacer de la erudición la esclava y no la ama.

La experiencia que hace que aquel escritor sea lo que es, es lo que sin duda le dará a sus líneas vigor y entretenimiento. ■

XXIX

Viajar no es imprescindible para escribir. Vivir sí. "Quédate en tu rancho", dijo Tolstoi. Allí está todo lo que necesitas. La novela vendrá por sí misma. Si tienes suerte. Y arrestos

A la gente se le llena la boca cuando dice que conoce París. O Roma. O Nueva York. Y más a los escritores. Como si fuera su recompensa por los triunfos que llevan a cuestas. O como si París, o Roma, o Nueva York les hubiese inspirado para dar con el mejor argumento. Como si desplazarse varios miles de kilómetros les hubiera servido de inspiración. Como si viajar al extranjero fuera la llave de la maestría narrativa. Son escritores cosmopolitas, que miran con desdén a los que no salen de su país.

Cuando Tolstoi decía que todo estaba en el rancho, tenía razón. Empezando por el lenguaje. Porque el lenguaje de ese escritor será el que escuchaba desde niño, el que oía cómo se enganchaba desde que era un mocoso. Conoce a la perfección sus modulaciones, sus matices, sus secretos. Del lenguaje más cerrado, hace su casa de campo.

Mas no basta con el lenguaje. Y aquel escritor lo sabe.

¿Pero en dónde ocurren los conflictos humanos, que no son otra cosa que los eslabones de la condición humana? Pues en el rancho —o en el pueblo, o en la ciudad—. Se dice.

Si no es que en la propia familia.

Pero regresemos con la idea del rancho. Cada persona que habita en un rancho podría traer en la frente un letrero donde pudiera leerse la emoción que representa —y las llamo *emociones* porque no encuentro una mejor palabra—: la envidia, el odio, el amor, la nobleza, la dulzura, la venganza, la conmiseración, los celos... Y estas personas convivirían unas con otras. Cada quien muy señor de sí mismo. Cada quien ocultando lo que es. Porque de eso se trata. Para eso sirven los escritores, para rascar la corteza y extraer la savia humana de la que todos estamos hechos.

El mejor ejemplo del escritor mexicano que no salió de su rancho es Juan Rulfo. Nadie como él captó toda la esencia del lenguaje de los suyos. Nadie como él encarnó en su literatura los matices de un lenguaje propio de la zona geopolítica que lo vio nacer y en la cual se crió. Y acaso y por contraste, Juan José Arreola sería el mejor ejemplo del escritor que viajó por el extranjero —a través de sus viajes físicos y de sus lecturas— para nutrir a su literatura de un lenguaje sin nacionalismos, y de una conflictiva humana menos radical.

A lo que voy es que en la localidad en la que un escritor crece, todo está a la mano. Y él vive en carne propia este torrente de vida. Mencioné dos escritores mexicanos, pero la literatura está llena de casos que le dan la razón a Tolstoi. De hecho, la literatura es eso. Por eso Homero escribió de los atenienses, Balzac de las cortesanas francesas, Dickens de los mendigos ingleses, Faulkner de los algodoneros de Virginia y Borges de los habitantes de los sueños.

Esto de los viajes me recuerda el estudio de los escritores. Hay quien viviendo en la ciudad de México tiene su estudio en Cuernavaca o Nueva York, y ni así sale una línea que se salve.

En fin, luego resulta que los escritores viajan, se están en París, Roma o Nueva York durante más de un año, regresan, y no escribieron nada.

Cada quién. ■

XXX

Adáptate a la sintaxis; la sintaxis nunca se va a adaptar a ti

La sintaxis es una prolongación de nuestro cuerpo. Imagínate que la sintaxis es una butaca comodísima o el asiento ergonómico de un automóvil. Que cuando depositas allí tu cuerpo se acomoda a la perfección. Como si ese asiento hubiese sido hecho exclusivamente para tu cuerpo. Eso y no otra cosa es lo que ocurre con ese elemento llamado *la sintaxis*. Y que algunos odian por su tufo gramatical, porque dicta los preceptos para articular palabras que a su vez forman oraciones y expresan conceptos. Pero lo que es el asiento ergonómico para el cuerpo, es la sintaxis para el lenguaje. Que depositado en él, se siente a sus anchas.

Da miedo, la sintaxis. Se la ha comparado con una perra guardiana, de las que no comen carne que no les sea dada directamente de la mano de su dueño por temor a que esté envenenada. Pero todo el que escribe, tarde o temprano se tiene que enfrentar con ella. Porque así está dicho que sea.

¿Y qué hacer cuando le tememos a algo? ¿Cuando la noche nos impone a través de su oscuridad? Cuando venimos arrastrando miedos infantiles, como a los sonidos provenientes desde la habitación abandonada de la casa… ¿Qué hacer cuando los argumentos no nos convencen?

Pues no hay de otra más que tomar al toro por los cuernos: salir a la oscuridad y comprobar que la noche es benigna, abrir la puerta de aquella habitación y comprobar que no hay nadie.

Así de simple, así de fácil. Así de sencillo.

Aunque hay un truco para poner a la sintaxis en tus rodillas —como Rimbaud ponía a la belleza—, y que sólo exige concentración: escribir con naturalidad, exactamente como se habla. No sabes lo difícil que resulta esto. Precisamente porque los escritores, gran cantidad de escritores, confunden dificultad con genialidad. Y creen que complicando lo sencillo tallan su nombre con letras de oro. Esas cosas se pueden hacer más tarde, cuando hay sensatez. Y si viene al caso [pero ésa es harina de otro costal]. Es decir, cada quien puede hacer de su escritura el cucurucho que quiera, pero es conveniente ir por pasos. Para que la sintaxis no termine devorándonos.

Digo que escribir con naturalidad es menos difícil de lo que se cree. Simplemente hay que escuchar la propia voz. La gente no habla enredado, pero escribe enredado. La lengua es el dictáfono infalible y no le hacemos caso. Nuestro modo de hablar refleja una sintaxis envidiable. Y conste que no me refiero a que se trate de doctos académicos los del habla, sino a simples mortales, que son ésos los escritores verdaderos.

Se habla y las palabras escurren sin retruécanos, tal como cae el agua de una cascada. Que obedece a la fuerza de gravedad y con esa espontaneidad se desplaza hacia el suelo. Desde donde es llamada.

Por más absurdo que se oiga, quizás ahí radica la seudocomplejidad al hablar.

Me explico.

Cuando escribimos, ninguna fuerza de gravedad atrae nuestras palabras. De ahí que tengan tiempo de desvirtuarse en el camino. Sé que cualquier hombre de estudios, así sea el más zafio, sería capaz de hacer trizas mi teoría. Y lo celebro. Pero si intentamos escribir como hablamos, si dejamos que las palabras naveguen con su propia bandera, quizá nos quitemos de la cabeza tantos escollos y podamos escribir sin violentar la sintaxis. Que es lo menos que se le puede pedir a un escritor. Ya que escriba con belleza, con intensidad, con fantasía o misterio son virtudes que no están en su mano. Pero la claridad sí. Cuando menos la claridad que da la sintaxis. ■

XXXI

No dejes que tu literatura se corrompa. Huye de las presentaciones de libros, de los círculos de elogios mutuos, de los suplementos culturales, de las revistas literarias, de las solapas zalameras. Huye de las frases huecas. Tanto como de las manzanas recubiertas de azúcar cristalizada. Terminan por empalagar, y por crear lombrices en el estómago y en el cerebro

Todo escritor se enamora de lo que escribe. De lo contrario no sería escritor, sino un mediocre que se conformaría con ver su nombre en la Cámara de Diputados, o en una calle de la colonia Condesa —y no sé qué sería peor.

Lo que más le conviene al escritor es mantenerse alejado de todo aquello que apeste a literatura.

- *Presentaciones de libros*. Constituyen el trago más amargo para un escritor. Desde el hecho de telefonear a la gente, al amigo, a la amante. "Fíjate que voy a presentar mi libro", dice, y la cara habría de caérsele de vergüenza. Ya le echó a perder la vida a alguien; esa persona estaba muy quitada de la pena y ahora tendrá que sacrificar la tarde del viernes, o, peor todavía, leer el libro. Hay que desconfiar de todo ese mundo: por más que los anime la buena fe, de las opiniones de los presentadores —es la noche del escritor, su fiesta—, que van del elogio a la verdadera apología —y es natural, la literatura no es tan importante como para echarle a perder su boda a esa novia diciéndole, por ejemplo, que se hubiera puesto a dieta—; hay que desconfiar de las entrevistas que se generan a partir de esos eventos, en las que generalmente se suelen decir puras sandeces; y asimismo hay que poner en tela de juicio los aplausos de los asistentes, movidos más por un acto de conmiseración que por un conocimiento profundo.

Desde luego que se entiende más el propósito de dichas presentaciones: finalmente, el editor —que de ninguna manera es una dama de la caridad— necesita promover su producto, darlo a conocer; él ha apostado su dinero, tiempo, prestigio… o cuando menos su sueldo. Basta considerar un solo punto para advertir el significado de las presentaciones: cada vez tienen que ser más escandalosas, insospechadas, originales… ¿Y el libro? Vale…

- *Suplementos culturales y revistas literarias*. Constituyen la trinchera de los resentidos y amargados; casi nunca, la fiesta de la literatura. Cuando a los críticos les da por decirle a la gente qué leer y qué tirar a la basura, es síntoma de este afán mesiánico-mediático. Cuando los críticos se asumen como los portadores de la verdad universal, quién vale y quién no; cuando los críticos confunden la nobleza de la palabra escrita con la lengua viperina, entonces aquel suplemento, aquella revista literaria, se lo está llevando el diablo. El escritor que se acerca a estas arcas de Noé se contamina; y a menos que tenga a la mano un revólver cargado, va dejando en el camino arrojo y frescura, dos virtudes más volátiles que las volutas del cigarro.
- *Solapas zalameras*. Nadie se salva de eso. Las solapas y las cuartas de forros que parecen describir a las más grandes de las obras maestras y al más notable de los escritores de Homero a la fecha. Hasta se sobrecoge el alma de sólo agarrar esos libros, de tanta, ay, inefable belleza, enjundia, originalidad, que contienen. Caray, quién fuera falible entre los hombres de letras, alguien podría preguntarse, de preferencia un veterinario. ¿O no habrá uno que escriba cuando menos un poquito regular…?
- *Círculos de elogios mutuos*. Se convierten en verdaderas cofradías hediondas. Un círculo de elogios mutuos no es un taller literario, aunque lo aparente. En estos círculos poco a poco la crítica va paliando hasta casi desaparecer. Y donde una vez hubo observaciones atinadas, termina imponiéndose la adulación desmedida; y donde se respiró incomplacencia, finalmente el oxígeno se carga de confeti presidencial. A quién no le gusta recibir lisonjas por toneladas, dirá algún resentido por ahí. Dirá alguien que extraña los mimos de papi y mami. ■

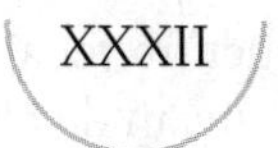

XXXII

Un escritor no debe aspirar a escribir obras maestras. En primer lugar porque las obras maestras no se planean —el escritor que descubriera la fórmula no dejaría de escribirlas—. En segundo porque no va a poder, y en tercero porque siempre es mejor perseguir un sueño que consumarlo

Las obras maestras (OM) están muy bien donde están. Una OM ya no tiene nada que perder. Nada que arriesgar. Aunque es una lástima porque, bien visto, su vigencia habría de estar respaldada por la polémica que suscitara. Porque constituyese, infatigablemente, un huracán de controversia. Pero pobre de aquel libro al que los lectores se refieran a él como OM sin ni siquiera haberse acercado a él. Y que esto es lo que sucede la mayoría de las veces. Por su pura fama. Aunque triste para los lectores, mucho más para el autor —ya sepulto, y peor tantito si está vivo. Y digo esto de la tristeza porque bien quisiera ese autor estar en la boca de todos. Más porque se le haya leído —porque se le lea—, porque siga armando revuelo, no porque se ciñan en su cabeza hojas de laurel. Que terminan más podridas que una quesadilla de huitlacoche en la basura.

En efecto, las OM's son las OM's y eso no se discute. Desde pequeños se les enseña a los niños —pobres niños— que Cervantes es un gran escritor, y que *El Quijote* es la obra magna de la lengua española. Estas cosas se admiten como un axioma: nadie arquea las cejas cuando las escucha, como nadie pone en tela de juicio que dos más dos son cuatro. Y si alguien lo hace es un ignorante, un esnob o un genio. De verdad es increíble la cantidad de OM's que el lector común y corriente lleva a cuestas, siempre con la promesa de leerlas. Libros que se topa con ellos en promociones de la tienda de autoservicio; como tarjetahabiente en los estados de cuenta que le llegan a casa, o en las revistas de difusión general. Libros que no leerá jamás. Aunque se los encuentre rebajados a la tercera parte de su precio. Vamos, aunque se incluyan de obsequio en la suscripción de un periódico. Porque qué flojera dan las OM's por venir almibaradas de tanta melcocha. Tal vez porque de pronto se prefieran las cosas más sencillas.

El escritor timorato antepone dos actitudes ante las OM's. En primer término, se inhibe. Y en segundo, y lo que es peor, se siente derrotado. Como ya se dijo, desde niño se le inculcó el respeto por toda esa retahíla de OM's. Son algo muy grande, se le decía, inefable. Se le decía: vuelvas la vista hacia donde la vuelvas, siempre habrá un escritor insuperable, un monstruo de la naturaleza a tu lado. Ante el que siempre deberás tener no sólo respeto sino devoción. Así, si miras hacia el cenit te toparás con Homero; si diriges tu vista hacia la izquierda, te encontrarás con Shakespeare; si vuelves tu vista hacia la derecha distinguirás a Dostoievski, y, si enfocas tus hermosas pupilas hacia el punto más lejano alcanzarás a distinguir la figura incorruptible de Tolstoi.

Este escritor educado así es un hombre respetuoso. Suele traer un hermoso libro bajo el brazo y considera la lectura de los clásicos de lo más importante para su formación. Y, aunque tiene razón, cada vez que termina de leer un volumen de ésos su estatura decrece. Cada vez se advierte más insignificante. Es cierto, se dice, si ya está todo dicho, para qué insistir. Para qué bordar sobre lo bordado. Para qué sentarse a escribir algo que desde antemano está condenado al fracaso. Ni hablar: la belleza es así. Hay tipos a los que se traga. Eso es lo malo de acercarse a ella. No cualquiera tiene, como Rimbaud, el aplomo de sentársela en las rodillas y someterla. Más bien se impone. Que es decir *desbarata*. Que es decir *desgarra*. La belleza es tan insaciable, que para subsistir tiene que destruir alrededor. Y entre más sensible es aquel apunte de escritor, mejor para ella. De ahí que habrá de admirársela en la misma medida que se la desprecie. Arrodillarse delante de ella, pero tener en la mente otra belleza, siempre la opuesta. Si la que se admira es sublime, piénsese en una descarnada y brutal; si la que se admira es altiva y despiadada, estímese una dulce y entrañable.

Benditas las OM's, siempre y cuando dejen que los próximos se equivoquen.

Sabido es que el panteón de escritores ínclitos está repleto desde antes de Cristo, y que ni aun dando sobornos es posible apartar un lugar; pero no el de los escritores comunes, cuyo rostro se transforma cuando escriben. El de los que se divierten cuando principian cada cuartilla y no hay poder humano que los detenga. ■

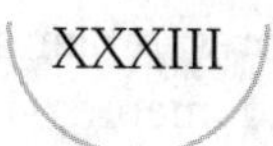

XXXIII

Entre la literatura y la vida hay semejanzas felices. Se da un paso, y otro, y otro más, y así sucesivamente hasta darle la vuelta al mundo y regresar al punto de partida. Del mismo modo se escribe una palabra, y otra, y otra más, y así sucesivamente hasta terminar un libro, que es quedarse exactamente en cero, es decir, en el mismo punto en el que ese libro se originó. Porque el escritor ignora lo que ha hecho, desconoce el secreto de lo que ha hecho. De ahí que en la escritura, como en la vida, lo importante, lo verdaderamente importante, es el viaje

Para Silvina Espinosa de los Monteros

Creo que el arte de escribir es la escritura misma. Que el gozo de escribir es la escritura misma. Cualquier otra razón es vacua. Por eso el escritor goza pergeñar una línea tras otra, enhebrar párrafos, hilvanar cuartillas. Por eso goza al momento de sentarse a escribir. Mira la hoja en blanco que parece llamarlo como la nieve al alpinista. Mira la hoja en blanco y agradece a Dios el don de la escritura. No por lo que pueda emocionar, que eso no está en sus manos. No por lo que vaya a decir, que eso se lo dicta la vida misma. No por el resultado, que si es bueno o malo, de cualquier modo está condenado al olvido. Sino por el acto escritural, es decir, por el "viaje".

En la habitación más modesta, en el jardín o en el mundo, se da un paso y luego otro y otro más y se termina por regresar al punto de donde se partió. A cero. Lo mismo pasa con la escritura. Que siempre se parte de cero. Que por más obra que haya atrás, inexorablemente se parte de cero. Tal vez por eso el escritor escribe y vuelve a escribir, porque asomarse al abismo es fascinante, como la contemplación del fuego.

Creo que hay escritores reblandecidos a quienes la crítica desfavorable lastima profundamente; si por un segundo esos escritores reflexionan que el resultado de lo escrito no depende de la voluntad, que asomarse al interior del alma humana va mucho más allá de cualquier acto volitivo, que el único, el verdadero placer de escribir —su única razón de ser— estriba en eso, precisamente en escribir, y que eso es algo que crítica alguna podrá quitarles. Ese tipo de escritor se siente mal, muy mal, cuando advierte que el mundo literario no lo comprende. Gran error: porque está apostando por el resultado de su esfuerzo, por la obra misma, y no por la escritura. Habríase de limitar a escribir. A escribir y escribir, que en ese momento está desafiando su propia mediocridad. Que en ese momento está construyendo. Levantando casas, tendiendo puentes, arrojando cimientos. Esos escritores deberían de comprender que, se haga lo que se haga, las obras maestras no es posible proyectarlas como si fuera el plano de un edificio, calcular sus dimensiones con exactitud euclidiana, sus secretos, sus pasadizos. Si aquello que se está escribiendo es una obra maestra, pues entonces sólo le restará mirarse las manos y advertir lo desnudas que están, percatarse de que no tiene nada aun después de eso. Si aquello que esas manos escriben es una vil y nauseabunda bazofia, no obsta para que no goce el acto de escribir, para que no se arrobe y deleite con las palabras, que es decir con los personajes, con las tramas, con los conflictos, con las atmósferas, con aquellas entidades que se van creando palabra tras palabra, gota a gota, paso a paso.

Abundan los escritores a la expectativa de premios, distinciones, reconocimientos. Les encanta ser adulados, viajar en los hombros de la lisonja. Muy en alto. Escritores que prefieren un mil veces ser elogiados por la crítica y no por cualquier lector común y corriente; escritores que desprecian la opinión del lector de la calle, pero que buscan —presas de un nerviosismo estúpido— lo que se habla de ellos en suplementos culturales o revistas literarias. Les gusta ser enaltecidos, cuando el más alto elogio no alcanza, ni por asomo, a compararse con aquella experiencia de la mano escribiendo. Quizás por eso vuelven a escribir, porque los elogios son efímeros. Así que muy probablemente, en el fondo, esos señores son adictos al acto escritural, al ejercicio de la escritura. Quizás ahí han echado el ancla. En ese mar embravecido de la palabra escrita. ¿Cómo saberlo? Quién sabe qué evoquen tales escritores en el lecho de muerte: la premiación, la lisonja, el elogio desmesurado o su mano escribiendo, su persona escribiendo, concentrada en lo suyo, ajena al hambre, al calor, al frío o al amor mismo, semejante a aquel gambusino que cava y escarba con verdadero furor en lo que él supone la veta —y a quien asimismo podría preguntársele qué se llevaría al averno, si la riqueza o la búsqueda del oro. ■

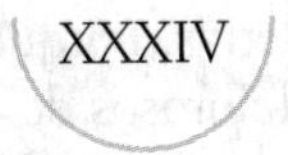

XXXIV

Si quieres ser músico, sé músico; si quieres ser escritor, sé escritor; si quieres ser músico y escritor, selo; que hay un punto en que la música y la escritura se unen —y no en la "música de las palabras"—, y otro [punto] en que la música y la escritura se separan como dos universos que corrieran paralelos. Digo yo, en ésta mi declaración de principios

Para Mariana Salido

El músico nace. El escritor se hace. En los golpes que da la vida. En los mazazos que obligan a un hombre a caminar recto. Al músico le basta con poner las manos en el teclado para que surjan melodías, para que el sonido despliegue su poderío. Para que se construya un universo de armonías gratas al oído, que le permiten sobrevivir al ser humano un día más. Al escritor no le basta con que le den lápiz y papel. Requiere experiencia, dolor acumulado. Visión crítica de la vida. Requiere un panorama de la existencia, una mirada hacia el mañana y la inequívoca presencia del pasado. El compositor puede vivir aislado y su talento se mantendrá a flor de piel. El escritor necesita salir a la calle, enfrentarse a los peligros que la vida cotidiana le antepone como a cualquier hombre. El compositor siente más que piensa. No cuestiona nada mientras no se metan con él. Mientras a él no lo cuestionen. El escritor cuestiona todo. Nada pasa inadvertido para su conciencia nihilista. Nada está hecho a su medida. Todo tiene que forjarlo al tamaño de su espíritu. Para el compositor todo está hecho según sus parámetros. Las cosas están al alcance de la mano. El trabajo del compositor hace grata la presencia del hombre. Le dulcifica la vida. Los momentos difíciles los vuelve soportables, y, amables, los inclementes. El trabajo del escritor le echa a perder la vida al hombre. Porque le embarra en la cara la verdad, que siempre es dolorosa. Con todas sus letras. Porque a eso se dedica el escritor, a puntualizar los instantes dolorosos de ese animal desvalido que es el hombre. El escritor vive de extraer la amargura y tenderla en la azotea. Para que se endurezca como cecina en sal. Mientras que la música concilia intereses, la literatura siembra dudas, crea inquietudes. Al hombre satisfecho en el aura de su mediocridad, le hace ver la paradoja de estar vivo a costa de nada. Lo hace infeliz. Al hombre que vive cada día sin considerar que podría ser el último, le embarra en la cara lo estúpido de su conformidad. Porque cada día habrá de vivirse como la última oportunidad, el último chance de remediar el daño que hemos causado. La música no tiene esa misión. Porque la música es abstracta. Porque para gozar la música no se necesita leer ni escribir, ni siquiera pensar. El músico compone guiado por una fuerza sobrenatural que lo rebasa. La música la entienden, la sienten, los animales. Sobran casos de perros, de gatos, que cambian de posición con determinada melodía, que se estiran y parecen gozar más de su cuerpo. Pero que alguien les lea un poema, que alguien les lea un ensayo, a ver cómo reaccionan. Porque para disfrutar y comprender la literatura no basta con el instinto, con la capacidad de "ser". Se requiere cierto bagaje de conocimientos que alejan a aquel individuo de la animalidad —y cuántas veces no lo vuelven sumiso—. El compositor en la noche clama a las estrellas para que la inspiración no lo abandone o para que vuelva a él. El escritor marca el teléfono de alguna amiga que lo vuelve loco. Lee la nota roja de los periódicos o de plano se sale a recorrer las calles inhóspitas de una ciudad cada vez más violenta. El compositor espera pacientemente que las musas se apropien de su alma. El escritor acude a la calle por ellas. En alguna esquina se tiene que topar con cualquiera, la más barata. Aquella a la que todos los demás clientes desprecian. ■

XXXV

El título debe suscitar interés, despertar la curiosidad del lector; no ser la síntesis de lo que se va a leer

Para Hugo García Michel

Acaso por eso los compositores no intitulan sus obras. Las enumeran. Y no porque carezcan de imaginación sino porque le dan la vuelta a esa problemática que no conduce a nada: ¿bautizo mi obra, le doy un nombre para que la gente se haga una idea antes de escucharla? Aunque desde luego ha habido compositores que no resisten la tentación de un título, y a veces ni siquiera ellos sino sus editores. Beethoven nunca intituló *El archiduque* a su célebre trío, ni Mozart le puso *Júpiter* a una de sus últimas sinfonías.

Pero volviendo al tema, el título invita a la lectura. O cuando menos "habría de" invitar a la lectura. Habría de sumergir al lector en el tramado aun antes de que inicie la lectura. Por el contrario, un mal título le recuerda al lector que tiene cosas pendientes y que no vale la pena detenerse en aquel texto.

Pero cómo detectar la calidad de un título. Pues no hay muchas pistas, pero sin duda una que nos hace reflexionar sobre la ineficacia de un título es la que lleva la explicación a cuestas: aquel título que nos explica el devenir de la obra le resta impacto al libro, porque el lector prefiere enterarse por él mismo de la materia prima de que está hecha la novela a que se lo digan; tampoco es muy recomendable recurrir al nombre del personaje protagónico de la novela, como ya se estiló hasta el empacho: *Ana Karenina*, *Madame Bovary*, *Pedro Páramo*.

Hay que echarle cabeza a los títulos. No dejarse llevar por la finta de la emoción primeriza. Pero eso no es obstáculo para que no se anoten todos los títulos que nazcan bajo la presión de la espontaneidad y la frescura. Títulos pésimos y títulos buenísimos. Pues de verdad existen escritores que elaboran listas de hasta veinte títulos. Andan con su lista en la bolsa del saco. No van a ninguna parte sin esa lista porque en cualquier momento se les ocurre un nuevo título, o porque descartan uno de los anotados y entonces simplemente lo tachan. Lo más curioso es verlos consultar esa lista en los momentos más insospechados: sea en el fragor de una fiesta, durante la misa de cuerpo presente o en el paseo mañanero de la mascota.

A veces los títulos caen del cielo, como en efecto la lluvia cuando nos sorprende a mitad de la calle. En forma totalmente imprevisible.

Ha habido ocasiones en que el título está ahí, antes de que se trace la primera línea de la novela. Y es el título el que extrae todo el jalón narrativo de la mano del escritor. Porque cada vez que se sienta a escribir, el hombre mira aquel título y hacia allá lleva encaminada su artillería. Pero su título resiste todos los embates y prosigue ahí, a modo de un bastión invencible. Ése es un buen título.

Otro camino para dar con un título es extraerlo del propio libro. Esto acontece con mucha frecuencia. De pronto, el escritor busca y busca y la luz no llega. Incluso mostró su famosa lista a una serie de amigos. Recabó opiniones, escuchó sugerencias. Y nada. Entonces es hora de recurrir a su último recurso: pasear los ojos por aquellas hojas aún inéditas de su novela. Ante su mirada escrutadora desfilan docenas de títulos prometedores. Hasta que grita "¡ése es!, ¡ése es!". Lo escribe en la carátula de su novela y lo sopesa. Sí, le va bien a la historia y encima suena lindo. Tomado de su novela. Sinceramente, no podía pedir más. Se dice y se va a dormir. ■

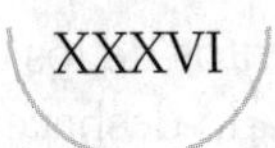

XXXVI

El uso de los aumentativos y de los diminutivos exige cierta malicia. Paradójicamente se nace sabiendo su práctica. Y es tremendamente fácil ser excesivo y recurrir a ellos en casos innecesarios. En realidad, el aumentativo y el diminutivo son las armas que el niño empuña para abrirse paso

Los aumentativos. Suenan agresivos. Como un mazazo sobre un tambor. Cada vez que se los escucha, el oído se estira. Ahí pasa algo, se dice. Porque el aumentativo hace crecer aun los adjetivos ya de por sí enormes. Como *grande*, que puede ser *grandote* o de plano *grandototote*. Con la misma solvencia se aplican los aumentativos a otras palabras de los enunciados, como los sustantivos. De tal modo que en lugar de decir "la casa *alta*", decimos "la casa *altotota* que está al fondo".

Por regla general, los aumentativos se emplean para llamar la atención a costa de lo que sea. En boca de un personaje suenan pintorescos. Digamos, chistosos. Y para eso sirven, cuando menos básicamente, para causar gracia. Y dijo Juan: "Nos metimos a una cueva *grandotototototota*". Expresión que a cualquiera hace reír. Y que dicho por un niño, también mueve a risa. Cuando el hijo más pequeño dice algo así, los papás se atacan de la risa como si acabaran de escuchar el mejor chiste de su vida.

Los aumentativos no son bienvenidos cuando habla el narrador omnisciente. Pues siempre será mejor decir había "una casa muy alta", o "había una casa tan alta como el cielo".

Pero también se suele recurrir a los aumentativos para acentuar el carácter de una cosa. Por ejemplo, cuando decimos "le dio un *golpazo*". Esa terminación en *azo* le va como anillo al dedo a los sustantivos para lograr esta expresión.

Los diminutivos. Son los favoritos de los escritores cursis, o con alma de niños, o que no han logrado deshacerse de esa alma infantil.

El mexicano es incapaz de sostener una charla sin emplear los diminutivos hasta la saciedad. En particular las secretarias, los maridos empalagosos y las madres sobreprotectoras. ¿O no es cierto que la secretaria dice "no seas *malito* y pásame las tijeras"? Acaso es la expresión más insoportable de la utilización del diminutivo. No se necesita mucha sabiduría para inferir el dominio del español de la tal secretaria. Tache.

Tan dañino para el oído es la boca de la secretaria como la del marido merengue. No puede dirigirse a su mujer sin extraer el diminutivo de su preferencia —que si en vez de eso extrajera un billete de su cartera, la esposa se lo iba a agradecer por partida doble—. ¿O no se le hincha la cara cuando dice "mi *mujercita* adorada, cómo amaneciste hoy"? Y por ahí se sigue, que con tal de no disgustar a su mujer le dice "qué ricos te quedaron los *frijolitos*". O "¿hiciste *salsita*?".

Las madres sobreprotectoras, coleccionistas de hijos o devoradoras de niños, se llevan las palmas. No se miden. "*Mijito* lindo, levanta tu cama. Tómate tu *lechita*. Llévate tu *trenecito* a otro lado. ¿Dónde dejaste tu *pelotita*?".

Los nombres propios se han ganado el diminutivo por derecho propio. No hay quien se salve de esto. *Manuelito*, *Elenita*, *Jaimito*, *Ricardito*, y así *ad infinitum*, y nada importa si el aludido tiene noventa años. Hasta con más gusto se le nombra así.

Y apuntamos *ad infinitum* porque el diminutivo puede revestir otra modalidad. Tan así, que no conforme con su diminutivo *Paco*, bien puede decírsele *Pancho* y el señor también vuelve la cabeza a ver quién le habla. No importa si él prefiere que le digan *Francisco*. O *Panchito*, como alguna vez le dijo su mamá. O *Paquito*, como su papá lo nombraba.

Pero nada supera *Las mañanitas*, diminutivo por antonomasia. Que nos recuerda el empalagamiento en su expresión sublime. Pues que tire la primera piedra aquel que no le gusta que se las canten. ■

XXXVII

Hay escritores modestos, cuya obra —piensan— no merece la atención de nadie, ni siquiera de ellos mismos

Independientemente de que merece más respeto un escritor de éstos que uno que se crea que lo merece todo, que la literatura se divide en antes y después de él mismo, que después de Homero le toca a él, hay escritores modestos que se sumergen en ostracismos delicuescentes; son los que provocan desesperación, que si se llevan unas monedas sueltas dan ganas de compartirlas con ellos. Inútilmente son modestos porque su obra no depende de su voluntad —tampoco cuando es buena o genial depende de ellos, en el caso de los vanidosos—; porque si es buena o mala se debe a un misterio inextricable —no es voluntario; nadie con la cabeza bien puesta sobre los hombros quisiera escribir una obra deleznable—; pero no el placer de haberla escrito, razón suficiente para sentirse dichosos y caminar con garbo. Como cuando se acaba de hacer el amor, que todo el mundo parece notarlo. En efecto, el placer de haber escrito esta obra morirá con ellos mismos, olvidados o no, enaltecidos o no. ¿Por qué ser modestos?, ¿a quién puede avergonzarle viajar alrededor de su recámara, del jardín, del barrio y emprender el viaje escritural, que es el viaje de la vida, que a eso se reduce el placer de escribir?

Si el acto de escribir —la escritura misma— es el acontecimiento no sólo el más gozoso sino aquel que reclamaría toda la atención del escritor, lo demás se desparrama, siguiendo una inequívoca ley de la gravedad, hacia abajo, es decir, pierde su importancia.

Por ejemplo, el libro mismo. Porque aunque publicar sea una de las consecuencias de escribir, el escritor, al momento de estar escribiendo, nunca habría de hacerlo, por más absurdo que se oiga, por publicar. En primer término, porque significa una concesión, y, en segundo, porque publicar no se compara, en lo absoluto, con el acto exultante, dramático y exacerbado de escribir. La escritura misma es independiente del acto de publicar. Un escritor se concentra en lo suyo. Se divierte, sufre, inventa, doma palabras, arma párrafos, edifica cuartillas, a sabiendas de que aquello se publique o no. Tal vez ningún editor se percate del talento de ese escritor, tal vez lo desprecien. Tal vez le repitan un *no* inexorable. O tal vez le ocurra al revés, que los editores lo busquen, lo localicen para arrancarle su palabra de que en cuanto termine eso que está escribiendo se los proporcionará completito. Da igual. Sea un escritor cotizado o no. Y aquella visión de su mano escribiendo permanecerá como tatuaje indeleble, en esa extraña zona donde corazón e inteligencia se entraman. El libro mismo será una nulidad ante aquel acontecimiento. Y el libro con todo lo suyo: cuartas de forros, solapas, fotos, portadas. Por eso el escritor verdadero se admirará del libro, porque nada habrá estado más lejos de su cabeza al escribir que el libro mismo como objeto. Y también por eso mismo se asombrará y verá en ese libro un privilegio inmerecido. Porque bien sabe que por publicarle a él se ha dejado de publicar a otro; porque tiene bien claro lo relativo de los dictámenes editoriales y, más que nada, porque está consciente de la lejanía que media entre el libro y el acto escritural.

De ahí que la modestia y la vanidad se traslapen cuando se habla en términos literarios. La historia de la literatura da cuenta de esto. Shakespeare lo menciona. Quien hoy está arriba, mañana permanecerá en el olvido. Y quien hoy está abajo, corre el riesgo de ser reconocido como un grande el día de mañana —le aconteció a Schubert, cuya gloria no alcanzó ni siquiera a vislumbrar—. Cuando ya no sea ni banquete de gusanos. Cuando su epitafio se haya borrado y no sea posible distinguir su nombre. Entonces alguien lo recordará, evocará aquella obra y se estremecerá. ■

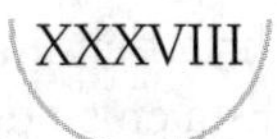

XXXVIII

Escribe lo que se te ocurra. Como los siguientes aforismos. No sabes lo que pueda pasar. Como cuando una bala perdida se incrusta en la frente de un hombre que camina despreocupadamente hacia su casa. Que le da y lo mata. Porque le tocaba, dirán algunos. Porque atrás de cada bala perdida hay un acto de justicia, dirán los menos. Escribe lo que se te ocurra. Como los siguientes aforismos. No te exijas más de la cuenta

Para Carlos Mireles

Hay que escribir bajo el imperio de la emoción. Y corregir bajo el manto de la sangre fría; exactamente como cuando el cirujano ejecuta el corte con el bisturí. Los cardiólogos son los mejores escritores. Siempre realizan las más difíciles, casi imposibles intervenciones al corazón, con tal maestría que ya quisiera un poeta.

El lector es la persona que más respeto le habría de merecer a un escritor. Porque leer a un autor significa dejar de leer a otro. No hay lectores tontos. El lector entiende todo: guiños, claves, mensajes sutiles. O engaños y falacias. Un escritor habría de dar la vida por el último de sus lectores. Porque le debe todo. Figurar en el corazón de un lector es un privilegio. El más alto premio literario.

La historia de la literatura es menos compleja de lo que nos quieren hacer creer los estudiosos. La historia de la literatura se reduce a unos cuantos libros —no más de lo que ocuparía un librero de cabecera—. Lo demás es paja; melcocha, en algunos casos. Pero lo más bello es que no habría una lista definitiva de obras maestras. Cada lector podría hacer la suya. Está en su derecho.

Son de admirarse los escritores que se deleitan en la narración de los acontecimientos. En algo —en mucho— recuerdan a los buenos bebedores. De prosapia. Esos que se detienen en su trago, que se concentran. Y nada los perturba. Ni los obliga a precipitarse. Tales escritores recuerdan a los jardineros que ven en su trabajo un mandato divino. Imposible de eludir.

"Voy a escribir una mierda", habría de repetirse el escritor antes de empezar a escribir. Las críticas entonces pasarán de largo. En todo caso, el libro constituirá un logro si, en efecto, es una mierda. Y si alguien lo califica así, mejor aún. Los elogios también seguirán su derrotero, inocuos. Pues consciente de que se ha escrito una mierda, no habrá escritor que se los crea.

Todo éxito es una apología de lo vulgar. Cualquier libro que rebasa los cien ejemplares es un fracaso para el buen gusto. ¿O qué habría de pensarse de un mismo libro leído simultáneamente por cien mil personas? ¿Se diría que lo que se está leyendo es literatura?, ¿qué tan complaciente habrá de ser ese libro para satisfacer a tantos lectores? ¿O es que la inteligencia está tan democráticamente repartida?

Prueba irrefutable de que la novela es mediocre: cuando se la puede llevar al cine. Porque lo que a los cineastas les interesa es contar historias, no la épica del lenguaje. De ahí la urgencia de escribir una novela que no transcurra, en la cual no existan desplazamientos innecesarios sino viajes al interior. Un novela virtuosística. Un *tour de force* para cualquier escritor.

Debe haber una jerarquía entre los acontecimientos que se narran en un cuento; de tal modo que el principal derrame su pulso sobre los secundarios. Mejor entre menos acontecimientos existan. Cuando los acontecimientos son extraordinarios apabullan al escritor. Entonces [el escritor] se quiere poner a la altura de lo que narra. Y siempre la vida le quedará grande. Como una gabardina cinco tallas más grande. Pero no sólo eso. Darle una jerarquía a los acontecimientos evitará que compitan entre sí. Y que acaso el menos importante prive sobre el fundamental. Esto suele pasar. Porque la falta de malicia literaria obliga al escritor a enumerar un acontecimiento tras otro. Empieza hablando de una cosa y de pronto ya está hablando de otra. Y de otra. Y de otra. Piensa que así está haciendo más interesante su cuento, cuando lo que ya está escribiendo no es un cuento sino un relato o una novela corta. Si nadie lo detiene se sigue. Cuando finalmente alguien le pregunta de qué se trata su cuento, no sabrá qué contestar.

La literatura te pone en contacto con lo peor de ti mismo; la religión con lo mejor. Escribe.

En literatura, el triunfo es mero espejismo. El escritor debe carecer de propósitos, de cometidos, de ambiciones. No debe proponerse nada. Ni conmover, entusiasmar o producir belleza. No debe ser presa de ningún deseo porque a partir de ahí escribirá para satisfacer ese deseo. Ni siquiera escribir por escribir. Es el único modo de eludir las complacencias. Que una vez abierta la puerta, no habrá modo de impedirles la entrada a las genuflexiones.

El escritor debe sentir en carne propia el rechazo editorial. Debe ponerse a prueba a través de negativas constantes. Cuando los escritores se quejan de que no hay quién los publique o de que las editoriales les cierran las puertas, deberían dar gracias de rodillas de que esto acontezca. Porque saldrán robustecidos de la experiencia.

Cuando son verdaderos. Pues escribir, el acto de escribir, nace en contra de algo, contra lo mejor que cada uno de quien escribe tiene dentro, que es quedarse callado. Escribir, bien recuerda al niño castigado, al que la maestra pone contra la pared. Ese niño es en ese momento el salmón que acude solícito al suicidio, al que sube por el caudal cuesta arriba, contra viento y marea. Es la historia que es de admirarse. Cuando todo está fuera de control y la voluntad se impone. Eso es escribir.

Cualquier persona que camina en la arena deja sus huellas; la escritura es la arena que el escritor pisa. Los párrafos son los pasos de la caminata. Las huellas que el escritor deja. Con sólo ver la distribución de los párrafos, alguien puede decir "por aquí pasó Revueltas". "O Reyes". "O Yáñez". Eso acontece con los grandes, que no es nada del otro mundo adivinar su impronta. A eso habrían de aspirar los principiantes. Y los modestos. Es cierto, el escritor deja sus huellas. Como el maestro rural. Como el psicópata. Y lo mejor de todo es que no las puede ocultar. Por mucho que se esfuerce. Y no porque la inmortalidad lo llame, sino porque las palabras son la arena y el estilo es la pisada. ■

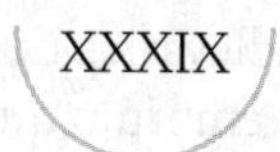

XXXIX

Como se le mire, escribir es evadirse de la realidad. Pero el escritor no debe olvidar que su misión es conmover a lectores de carne y hueso. Tan reales como una leona al acecho de una gacela. Matar a esa gacela le permitirá sobrevivir a esa leona, y permitirá que sus cachorros sobrevivan. Lectores tan reales como esa cacería son a los que hay que conmover

La literatura nace por una necesidad de contar. La literatura nace a raíz de la experiencia. La literatura nace cuando la desesperación rebasa el alma de un hombre. Pensemos en un hombre primitivo reunido con otros hombres en torno a la fogata que despide un fulgor trémulo. Ha sido un día como cualquier otro, de salir a cazar la pieza que habrá de salvar a la tribu de morir de hambre. Pensemos en ese hombre. Pensemos en cómo mirará los ojos de los demás. En cómo se desesperará por contar lo que sucedió esa mañana. Sin saber exactamente de qué manera empezará a contar. Al principio mediante gestos, sonidos guturales, entremusitados, onomatopeyas. Querrá explicarles a los otros cómo se enfrentó a aquel terrible animal, cómo salvó su vida cuando se trepó a un árbol o se ocultó tras un peñasco. Le costará muchas dificultades, tantas como remontar la cuesta más empinada, pero se dará a entender. Porque lo que ese hombre está haciendo es literatura. La primera literatura. Pues además, materia de asombro, no contará las cosas tal cual acontecieron. Si el animal lo persiguió un tramo, digamos, de veinte metros, él dirá, en su lenguaje, en ese lenguaje aún en estado balbuciente, que hubo de subir una montaña; si la bestia pesaba el equivalente de una gacela, él dirá que su peso excedía el de un mamut; es decir, estará exprimiéndole el jugo a la literatura. Estará inventando a partir de su experiencia, exagerando, torciendo las cosas a su antojo para darle mayor emoción a lo narrado. Exactamente como Shakespeare. Para cautivar a los escuchas. Para llevarlos de la mano por donde él quiere que vayan. Por cierto, ese embrujo que ejerce él en la atención de los demás, y que parece revertirse y que los demás ejercen en él al momento de escucharlo, ese embrujo ya no podrá abandonarlo. Y a la menor provocación, procurará ejercerlo una vez más.

Al paso del tiempo, de los milenios, ese embrujo no ha desaparecido. Porque la literatura sigue sometida al espectáculo; propiedad del alma desgarrada, o de la epopeya.

Escribir consiste en asomarse al interior del alma humana. Es un camino para conocer al hombre. La literatura sale del interior del ser humano y hacia allá mismo va. Ese trecho entre un alma y la otra se llama *vida*. Desde ese puente el hombre contempla el entorno. Ve todo pequeñito, si mira hacia abajo, y grande, inmenso, desproporcionado, el cielo mismo, si mira hacia arriba. Ese recorrido dura lo que un parpadeo, y en ese instante el hombre debe abarcar hasta donde llegue su vista. Abrevar de lo que el destino ha puesto delante de sus ojos. Colmarse de vida y escribir.

Pero no todos tienen ese privilegio. Algunos por torpeza, otros por estar trepados en los hombros de la soberbia, y unos cuantos por carecer de tenacidad. De ahí la urgencia de seguir el ejemplo de la hormiga. Que se limita a hacer su trabajo.

El escritor posee espíritu. Y el espíritu se nutre de lo mismo que está hecho, esto es, de la naturaleza humana. Se come a sí mismo. Se alimenta de sí mismo y por eso mismo se torna insaciable. Un hombre que ha amado no puede dejar de amar. Un hombre que ha leído no puede dejar de leer. Ya nunca más. Aun a costa de volverse ciego. Leerá en su mente. O a través de sus oídos, o de su tacto. Por eso el lector se emociona con lo que lee, por eso no puede soltar el libro. Quiere saber más, porque en realidad quiere saber más de sí mismo. La literatura no expresa lo inexpresable, como lo haría la música. La literatura es la emoción, tamizada por la inteligencia, por el conocimiento. Por eso un escritor habrá de hilvanar mimbre antes de pensar en las grandes novelas. Sólo de ese modo, mediante el ejercicio de la tenacidad, la concentración y la paciencia, será capaz de detectar lo que sobra, llámese ripio, basura o melcocha. Que al fin y al cabo es lo mismo. ■

XL

Cada texto tiene una extensión diferente. Propia. Pero nunca la extensión define la eficacia narrativa. No porque un cuento sea extenso es bueno. No porque un cuento sea breve es bueno. ¿Cómo debe ser un cuento para que sea redondo?

Tal vez no existan los cuentos redondos. Tal vez la esfericidad no pertenezca al reino de la literatura. Tal vez aquella fórmula geométrica que permite conocer una esfera por dentro, que eso y no otra cosa es conocer su volumen, no sea aplicable a la redondez de la palabra escrita vuelta cuento. Porque no hay dos cuentos iguales.

Cada cuento es único en sí mismo, y, en la misma medida, cada cuento está sujeto a sus propias leyes, que se deshebran conforme transcurre. En ese sentido, cada cuento contiene la posibilidad de ser perfecto. Pensemos en una pieza de pan blanco, en un bolillo. Todo en él es exacto y, por lo tanto, insuperable: anchura, peso, color, sabor, desde luego olor; de alguna manera, el bolillo satisface aun los apetitos más primitivos: nadie con la cabeza bien puesta sobre los hombros se come dos bolillos de una sola vez. Esas características, mejor dicho esas proporciones, habrían de permear un cuento para hacerlo perfecto, y entonces se hablaría de lenguaje, fraseo, frescura, hondura, intensidad, levedad —en el sentido de su amabilidad vía facilitar su lectura—, como se habla de la ropa limpia, con esa sencillez y cabal entendimiento.

Tal vez el término de *redondez*, en su acepción de curvatura, tenga que ver con que si se recorre ese cuento de principio a fin; si se columbra su horizonte; si se emprende ese periplo para llegar al mismo punto de partida, si todo esto acontece, si el lector es lo suficientemente humilde para adentrarse en el texto como un creyente lo hace en un templo, si esto sucede, entonces es posible atisbar su esfericidad. Porque de alguna manera, como en el bolillo, desde la primera frase —desde que por algún sentido hacemos al bolillo nuestro—, aquel cuento habrá de sugerir su propio destino.

Un cuento de esta naturaleza puede releerse una y otra vez, y siempre conservará intacta su pasta. Porque su mérito no radica en la sobada sorpresa del final, cosa de lo más inconsistente —por regla general, en materia cuentística, el ingenio tiene que ver más con el circo que con el flujo narrativo—. La relevancia radica en que toca lo humano; es nuestro ese cuento por el poder de convocatoria que tienen los asuntos del alma. Tal como un sacerdote cuando escucha una confesión, que hace suyo el corazón del que habla —por cierto, momento cumbre, ése de la confesión, en la vida de dos individuos.

Un bolillo no puede ser mitad telera, por la misma razón que un cuento no puede ser mitad cuento y mitad ensayo.

Las lecciones del bolillo no terminan ahí. Tal vez la mayor virtud de un cuento es su posibilidad de compartirse. No sería aventurado decir que la palabra *compañía* guarde cierto vínculo con el hecho de compartir el pan. Por algo el pan compartido sabe mejor. Partir el pan y compartirlo —ya alguien lo hizo por nosotros, hace cosa de dos mil años— es cosa noble. Del mismo modo es posible compartir un cuento.

Confeccionar un bolillo lleva su tiempo. Como confeccionar un cuento. No basta con la receta. El pan exige un tiempo de cocción, como lo exige un cuento. Un tiempo de entusiasmo. Un tiempo de entrega. Para que lo disfrute quien lo coma o quien lo lea. En otras palabras, entre un bolillo y un cuento no hay gran diferencia. Ambos nos hacen más soportable la vida. O menos insoportable. Que para el caso es lo mismo. ■

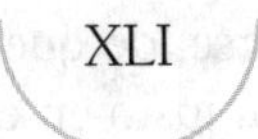

XLI

Escribe tu historia. No la cuentes. Si la escribes luego de contarla, sentirás que pierde fuerza —y acaso sentido; sobre todo si te gusta más hablada que escrita—. Estás en tu derecho de que te guste más de un modo que de otro. Aunque en ese caso te vendría mejor un manual para contar cuentos, no para escribirlos

Todos, pero sobre todo los escritores, habrían de ser cautos con las palabras. Muy cautos. Usar las palabras con sagacidad, con astucia. Quedarse callados cuando no es preciso abrir la boca. Quedarse con las manos quietas cuando no es perentorio escribir. Que acaso es la más de las veces.

Para un escritor es muy peligroso contar la historia en la que está trabajando. Porque lo más probable es que se le vaya de las manos. Ha acontecido un millón de veces. Una reunión cualquiera. En una casa cualquiera. El escritor se entusiasma, quiere quedar bien, hiperbién, de lujo, con su interlocutor —sobre todo si es una mujer—. Quiere impresionar a aquella persona y vaciar en el corazón de ese escucha su historia. De principio a fin. Entonces empieza a abrir la boca y ya no hay modo de pararlo. Como una locomotora que se desplaza en una pendiente sin frenos. Habla y habla. A partir de una situación, de la más jugosa situación que suceda en su trama. De ahí se agarra. Ve que ha capturado miradas. Una por aquí y otra por allá. Qué bien si la persona atenta es la mujer que desea conquistar. Modula su voz. Acicatea la anécdota que cuenta. Inventa cosas. Que le salen bien. Jura que se acordará de esos agregados al momento de darle la última vuelta a su escrito. Se da cuenta perfectamente de la expectación que causa. Llama la atención. Y esta llamada de atención puede graduarla a su antojo. Tiene a la gente —ya no es nada más una persona quien lo escucha, son seis, siete— en la mano. Se siente como un músico que atrae brutalmente. Y justo cuando siente que la atención corre el riesgo de reblandecerse, de que la gente se distraiga, de que piense en cualquier otra cosa, justo en ese momento le imprime una anécdota nueva, le da más carácter al personaje protagónico. Suda. Nunca había hecho esto, y se percata del poder oral de la palabra. Llega un momento en que tiene a todos en la mano. Le pertenecen. Uno a otro de los asistentes se va contagiando de la vehemencia, del ardor con que cuenta. Lo que se le ocurre. Incluso la propuesta de conquistar a aquella mujer ya quedó atrás. Ahora lo guían situaciones más radicales. Porque no es lo mismo conmover a una persona que conmover a veinte. Se dice. La palabra hablada le está dando algo que la palabra escrita no le da. Impacto, popularidad instantánea. Prestigio. Incrustarse en forma inmediata en el alma de los que lo rodean. Gente concreta. No como acontece con la letra escrita. Que el autor ignora el destino de esas palabras. Prosigue su historia. Ata y desata cabos. Añade una mascota heroica. Un perro hace de pronto su aparición y la gente contiene el aliento. Todos se lo imaginan. Y saben el peligro que correrá por salvar a su amo. El argumento original hace mucho tiempo que dejó de preocuparle. Con mucho ya lo rebasó. Se había esmerado tanto en su cuento. Ni siquiera había llegado al final. Lo tenía antevisto, claro. Se había propuesto terminarlo esa misma noche. Tenía el cuento en las manos. Como nunca le había sucedido con un cuento. En realidad llevaba pocos escritos. Pero ese cuento le había quitado el sueño. Quería titular a su primer libro con el nombre del cuento. Pero ahora eso es historia muerta. Ahora lo que le importa es tener a la gente en un hilo. ¿Cómo es posible que su historia pueda incidir de esa manera en el ánimo de los escuchas? No lo sabe. Pero tiene que buscar un final efectista. Porque es evidente que el final se avista como la tierra firme a la cual el náufrago ansía llegar. Se siente en el límite de la emoción. Como un equilibrista sobre las cataratas del Niágara. No puede bajarle el volumen a la intensidad. Pero de pronto guarda un silencio atroz. La gente lo entiende y se conmueve. Está a punto de dar la última estocada. Lo hace y sobreviene el aplauso. La conmoción. La chica lo mira imbuida de la magia que ha logrado crear. Lo abraza. Siente que su corazón palpita con fuerza. Como si se le fuera a salir. Igual que el corazón de él.

Esa noche, un prospecto de escritor ha escrito su epitafio. ■

XLII

La carne cruda semeja la pasta narrativa con la que el escritor trabaja. Antes de comerse, habrá de sazonarse y cocerse; tal como lo hace el escritor con las palabras que las deja listas. Y que está a punto de compartir con sus invitados

Para Alejandro Rojas

Conforme se cuece, aquella carne desprende el olor que inevitablemente despierta el apetito; de algún modo, se está a punto de comerse algo que fue un ser vivo; exactamente igual, conforme el escritor avanza, su trabajo desprende el olor de lo prohibido, que inevitablemente invita a leerlo. Porque el escritor se devora a sí mismo cuando escribe.

La literatura exige experiencia de vida, que sólo así es capaz de penetrar con sabiduría en el ánimo del hombre. La literatura funciona como una lámpara con la cual fuera posible alumbrar el interior del ser humano. Por eso en la literatura no hay niños prodigio. Arthur Rimbaud y Raymond Radiguet son excepciones luminosas. Aunque quién sabe qué habría opinado Mozart de ellos.

Una idea literaria nace por la necesidad del escritor de expresarse. De entrada, el escritor ignora si esa idea habrá de traducirse en narrativa, poesía o ensayo —Jonathan Swift tiene un soneto a este respecto—. En cambio reconoce la arcilla de la que está hecha: el lenguaje. Se sienta a escribir, y la idea despliega las alas; no es una idea estática, por lo tanto no podrá expresarla a través de la plástica; menos es una idea compuesta de sonidos; es una idea que está y no está, que avanza como persiguiéndose a sí misma, y cuya única red posible, para que se detenga de algo y no se pierda en el vacío, son las palabras. Es una idea literaria que va cobrando forma en el cerebro del escritor y que nació a partir de una frase escuchada por ahí, de un simple comentario dicho en el lugar más impensado, en el momento más imprevisible. También puede ser un recuerdo. O un mero vuelo de inventiva, cuyo origen tal vez se localice en la idea literaria de algún otro escritor, o en alguna experiencia aparentemente olvidada.

Se aprende a escribir no escribiendo sino matándose para ganarse el pan. El hombre que no conoce esta amargura, que no ha atravesado por esta angustia, no tiene ningún destino literario. La comodidad, la complacencia —escritural y humana— son enemigas acérrimas de la literatura. En realidad, el camino de la literatura está colmado de trampas. Muchos creen que la literatura siempre va a estar ahí, que basta con chasquear los dedos para que se acerque y pueda uno acariciarle la cabeza. Se equivocan. Uno no manda sobre la literatura, la literatura manda sobre uno. El escritor está al servicio de la literatura, no al revés.

De ahí sobreviene la identificación del lector con lo escrito. El lector necesita elementos que le resulten familiares para identificarse con la historia, con los acontecimientos, con los personajes. Y lo mismo pueden ser personajes del siglo XV que del año 3000. Pero que haya pasiones. Que la venganza sobrevuele aquellas líneas, los celos, el odio. El amor. La mortífera envidia. Cuando el lector se percata que esos sentimientos permean aquellas palabras, entonces dice esto es mío. Y sigue leyendo. Pues entre todo lo fácil del mundo, nada hay más simple que el lector deje el libro y que se largue a donde se le dé su regalada gana. El escritor necesita incrustarse en el alma de aquel hombre, hacerlo suyo de principio a fin. ¿Cómo? No fingiendo. Escribiendo cosas que sean universales. Que les acontezcan a todos los hombres. Que el sufrimiento sea un aguijón constante. Más que la alegría. La desventura más que la complacencia. El rencor más que la amistad. La ingratitud más que la felicidad. Cada escritor sabe cómo hacerlo. Homero, Shakespeare y Dostoievski antes que nadie —y, en México, José Revueltas, Josefina Vicens, Juan Rulfo y Agustín Yáñez—. Lo demás son niñerías. ■

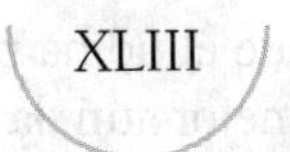

XLIII

El corazón y el estilo. El escritor que siente que finalmente ha escrito una línea que sobrevivirá se engaña. No estaría en su mano reconocerlo. Exactamente como el amor; quienes se sienten amados se engañan. Y Dios, que es magnánimo, les concederá vida para confirmarlo

Porque así son las cosas. Y porque así han sido siempre. Lo que le digan a un hombre lo cree. Que si va a morir cuando tenga cincuenta y nueve años, que si es descendiente de Cortés, que si va a encontrar un tesoro…

La máxima ambición de un escritor es escribir una línea que se salve, que pase a la historia de la literatura; no, que pase a la historia de la humanidad.

Pese a ser un hombre sensato, ese escritor es ambicioso. Y uno de sus sueños es figurar en el corazón de un lector. Su otro sueño es aún más lejano: trazar una línea, una construcción gramatical que sobreviva; incluso dar con la mancuerna del sustantivo-adjetivo perfecto. Una dicotomía que marchará unida por los siglos de los siglos, y que hasta el momento no ha habido mortal que se le ocurra. Pero que de pronto a él se le puede ocurrir.

Sabe que ese hallazgo, si se da, es producto de la tenacidad, del conocimiento, de la invencibilidad de escribir. Y tiene fe en que así ocurrirá.

Como tiene fe en que la Tierra seguirá su órbita, y su movimiento de rotación continuará imperturbable. Como ha sido siempre.

Con igual testimonio fedatario cree que lo aman. Cree que su mujer le es fiel. Todo apunta hacia esta fidelidad: los platillos exquisitos que su mujer le prepara; las lecturas que comparten festivamente; los perros que aman, las noches que comparten, la casa que levantaron juntos, la música que se apropia en forma simultánea de su alma.

Pero hay algo en lo que él no ha pensado.

La vulnerabilidad o, mejor aún, la volubilidad de la naturaleza humana.

Nada hay que garantice nada en lo que se refiere a la condición humana. Ese escritor puede pensar que ya la hizo como escritor. Que por fin tocó fondo e hizo su aportación a las letras mexicanas, cuando no universales. Que ya escribió una línea que va a resistir las condiciones atmosféricas de un tsunami. Que por fin escribió una frase que va a conmover lo mismo a un maratonista que a un vendedor de paletas. A un académico que a un escritor de *best sellers*. Que toca el corazón del lector, es evidente. Está ahí. El corazón y el estilo. Porque encima la construcción gramatical es perfecta. Hay un momento en la vida de todo escritor que siente que ha logrado una frase escrita por Dios. Que ya se puede morir.

Ese escritor es un cándido. Es el escritor que piensa que su mujer lo ama. Que su amante lo ama. Que una de las dos va a estar a su lado en el momento de su muerte.

Se equivoca.

Así como se equivoca en su apreciación literaria —si escribe una obra maestra él será el último en darse cuenta—, se equivoca en sus apreciaciones amorosas.

Las dos entidades fugaces por antonomasia son la literatura y las mujeres. Todo lo que el escritor estime de su literatura en el sentido de ponderarse más allá de la cuenta, se equivoca. Todo lo que ese hombre valore del amor de la mujer que le quita el sueño, es equívoco. No hay nada escrito ahí. Nada que le garantice que está en el camino correcto. Tarde o temprano las mujeres o la literatura terminan por desengañar. Es inútil asirse de ellas. De la literatura o de las mujeres. Es mejor agarrarse del libro de otro autor. O de la mujer de otro hombre. Para no morir. ■

XLIV

¿Qué significa concentración en literatura? Significa concentrar la pasta del lenguaje y darle la forma de una esfera —de ese amasijo de varas que corre al paso del viento—. Sin fisuras, sin fracturas. Que no sobre ni falte nada. La concentración obliga a un esfuerzo inusitado. Más otro tanto de sudor y maldiciones

Para Agustín Ramos

La concentración significa un mínimo de acción, de desplazamiento innecesario; y un máximo de intensidad, que es avanzar hacia dentro, hacia lo más profundo.

Concentración e intensidad. Dos condiciones para el ejercicio de la escritura.

Concentración, concentración. La concentración obliga al escritor a mirar hacia dentro y hacia abajo. Es decir, hacia las entrañas de lo que está escribiendo, que es decir sus propias entrañas. Concentración referida a que el texto comprenda todas las palabras en un punto único, insustituible —como el punto de concentración en caso de sismo—, inequívoco —un gesto, un guiño, una mano rascándose la media—, un punto en el que, de un lado, el escritor ponga en la línea de fuego su conocimiento del mundo y malicia literaria y, del otro, en el que se "concentre" la historia de la humanidad. ¿Para qué vino el hombre al mundo? Léase el cuento de fulano, en el que no se habla de para qué vino el hombre al mundo. Hay un momento en el que se tendrá la respuesta, en el que pasado y presente estarán concentrados. A eso se aspira.

El ejercicio de la concentración impide volar al escritor. De ahí que los textos concentrados "no transcurran" hacia adelante sino hacia dentro. Hacia el drama humano.

Concentración y talento van de la mano. El talento es como una rata. Sólo se atreve a salir cuando no hay nadie a la vista. Sobre todo en un ambiente doméstico. Como una rata, el talento está peleado con los niños. Como una rata, la concentración está peleada con los niños. Y con las mujeres, el talento y la concentración no se llevan. Prefieren eludirlas. Si hay mujeres o niños a la vista, el escritor es incapaz de concentrase y permitirle al talento que asome la nariz. Necesita de veras ser muy cínico y mostrar su fealdad terrible para que todos salgan huyendo. El talento. Mejor esperar la noche. Cuando todos duermen. La noche es la fortaleza inexpugnable del talento y la concentración. Tras sus puertas, el talento y la concentración se encuentran a sus anchas.

Quien lleva la concentración a su punto más alto, no podrá arrepentirse del resultado. Hizo su mayor esfuerzo —lo cual, desde luego, le tiene sin cuidado a la literatura.

La concentración en una idea, le permite al escritor observarla en todas sus variantes. O las más posibles. Como si la contemplase en una vitrina. Con todo el tiempo del mundo. Sin nadie que lo presione. Conforme le da vueltas en su cabeza advierte sus virtudes, pero sobre todo sus defectos. Pensar en esa idea sin distraerse, lo aproxima hasta casi olerla. La hace suya. De él. A partir de ese momento, esa idea es de su propiedad y no está dispuesto a cambiarla por nada. Gracias a la concentración.

La concentración es esclava de la voluntad.

La concentración evita la dispersión. A los dispersos se les va la vida planeando. ■

XLV

Si no tienes talento, trabaja. Si lo tienes, trabaja el doble. No te dejes engañar por el talento. El fokin talento, del cual hay que saber desprenderse para avanzar. Hay que disciplinarse como si se fuera el más zafio de los escritores. No el más talentoso

Para Eduardo Fernández de Lara

El talento es prescindible para escribir. Lo mismo hay escritores con talento que sin talento. Más útil es para un escritor hacerse de un buen diccionario que poseer talento en exceso. Decenas de prospectos de escritores abandonan la nave de la literatura por otear el horizonte desde el mástil de su talento.

Porque el talento es engañoso. Pero también es el umbral de la vocación.

La primera trampa del talento es proporcionarle seguridad al escritor; dotarlo de esa seguridad falaz de que, sea en el momento que sea, podrá sentarse a escribir. Porque piensa —ese escritor— que una sola y misma cosa es tomar la pluma o encender la computadora y dejar que las ideas afluyan a su cabeza, que las historias se sucedan unas tras otras, que las letras se enganchen en una sucesión prodigiosa de palabras, de párrafos, de páginas.

Así como un boxeador se equivoca cuando confía más en la potencia de sus golpes que en su entrenamiento, el escritor yerra el blanco cuando deposita toda su confianza en su talento. Porque lo que está haciendo es dejarse gobernar por tan sobada palabrita, cuando habría de ser el revés: que él dispusiera de su talento como finalmente lo deseara. Es decir, que lo sometiera a su arbitrio. Vamos, que lo utilice en su beneficio personal, que lo zarandee, que lo aviente contra la pared y le escupa, o que lo apapache y lo mime. Pero siempre a su servicio. Nunca al revés.

La segunda trampa que tiende el talento es hacerle creer al escritor que puede prescindir del asombro que significa vivir. Esto es, que por encima de la humildad está el talento. Que podrá prescindir de lo que la vida es capaz de proporcionarle, en virtud de que su talento lo sustituirá. Un hombre así es proclive a escatimar la observación, la atención que habría de merecerle cada acto que lo rodea, por más ínfimo que resulte a sus ojos. En este sentido, el talento maquilla la realidad. La torna inocua, al punto de que el escritor, a fuerza de auparse sobre su propia vanidad, extravía la lupa que le facilita comprender el mundo, atender el lenguaje, vigilar su entorno —no necesariamente para escribir acerca de él, sino, mejor, para burlarse de él—. Y así, por si esto fuera poco, poderse burlar de sí mismo. Que a eso aspira todo escritor. Una tarea casi exclusiva para su deleite personal.

Pocas cosas tan tristes como el espectáculo de los jóvenes escritores que, dueños de evidente talento, se inician en la escritura con páginas novedosas y que a la vuelta del tiempo abandonan la palabra. Generalmente porque concursaron por un premio literario y no lo ganaron; o porque sufrieron sistemáticos rechazos editoriales. Pocas cosas tan tristes no porque su exclusión signifique ninguna pérdida —pues la literatura está bien como está, no le hace falta ni una coma—, sino porque terminan, esos jóvenes, volviéndole la espalda no nada más al ejercicio de la escritura sino a la lectura inclusive. Más aún: cuántos de ellos no acaban siendo enemigos acérrimos de la literatura, por esa cobija de amargura que arrastran de ahí en adelante y de la cual no serán capaces de desprenderse. Esto acaece mucho más de lo que se piensa. Cerrarse las puertas de la belleza. Seguramente resultado de una frustración. Porque el escritor que se apoya en su talento cree que se lo merece todo.

El escritor sin talento pero con tenacidad avanza más rápidamente que el escritor talentoso. Porque no acaba de asumirse como hombre de letras. Desconfía de que lo nombren poeta, narrador, ensayista. Sabe que carece de talento y entonces sospecha del elogio, de la zalamería, del comentario apologético. El escritor sin talento pero con voluntad no se da por vencido. El hecho de carecer de talento lo obliga a acometer porfiadamente la consecución de su novela. Sabe que su única diosa es la disciplina, y en esa medida trabaja y se entrega.

Ahora bien, según estas líneas, un escritor con talento, ¿mejor debería dedicarse a manejar un taxi? No le vendría mal, pero he aquí el reverso de la medalla, lo verdaderamente interesante del asunto. Es de admirarse aún más un escritor con talento que llega a cristalizar su obra. Porque tener talento significa tener todo en contra. Significa vencer la pereza, reírse con desparpajo de la solemnidad, soñar y dejarse llevar por los sueños. Tener talento significa arrostrar con dignidad y entusiasmo el fracaso, vigilar el pulso de la propia producción literaria, de su hondura, antever cualquier escollo que obstruya el ímpetu literario y sobrepasarlo. Tener talento, en fin, significa reconocerlo en los demás del gremio. Por encima de envidias y mezquindades, tan caras a los mediocres, que son los enanos de espíritu. ■

XLVI

Escribe una novela breve. ¿De verdad te parece imposible escribir una novela de largo aliento? Pues no tienes que esperar mucho. Escribir una novela breve es tentador. Una tentación que se presenta en la vida de todo escritor

La novela breve calla más de lo que dice; "oculta", no se revela a primera vista. Transcurre en una especie de murmullo, de conversación discreta, que se resuelve incluso por el lado de la mirada de soslayo, de la gesticulación críptica. Apela al silencio, a la intimidad, a la prudencia misma.

La novela breve, formato ideal para el siglo XXI… y los que vengan.

La novela breve obliga al autor a podar constantemente la obra, sea en su cabeza o ante el monitor.

La novela breve obliga a eliminar los ripios, los regodeos que no llevan a ninguna parte, y a que son tan dados los escritores cuando se engolosinan de lo que escriben y se tientan una y otra vez el corazón antes de eliminar lo prescindible.

La novela breve exprime el estilo de un autor. Lo mejor de José Revueltas, toda esa condición humana en estado crudo, en la encrucijada del vértigo y el delirio; toda esa soledad y pesadumbre, toda esa devastación, toda esa pasta humana aplastada como una cucaracha, está en *El apando*, obra maestra de la novela breve.

La novela breve tiene la obligación de atrapar al lector desde el arranque mismo de la obra, y de no soltarlo aun más allá de que ese lector haya concluido la lectura. Digamos que habrá de privar la sensación de que falta mucho por decir aunque esté dicho todo. El lector entonces le da vueltas en su cabeza a la historia, los personajes, los conflictos, la atmósfera. Define y reconstruye los alcances de esa novela. La leyó en una noche y lo ha dejado exhausto. Pero quiere más. Ésa es justamente una de las virtudes de la novela breve, que el lector nunca la termina de leer por obligación, que es decir por disciplina, sino como un ejercicio del placer. Como un deleite verdadero. Como cuando se termina de leer *Codin* de Panait Istrati, *El verdugo* de Pär Lagerkvist, *La leyenda del santo bebedor* de Joseph Roth, *Todas las mañanas del mundo* de Pascal Quignard o *Apuntes del subsuelo* de Dostoievski. Por citar unas cuantas.

Una novela breve aburrida no habla más que de un escritor demasiado pagado de sí mismo como para reducir la novela a su expresión más sustancial.

Una novela breve aburrida tal vez pueda ser un buen cuento, si el autor se decide a hacerle amputaciones que la reduzcan a su décima parte. Lo que no puede defenderse como una cosa se defiende como otra, siempre y cuando el autor sea incomplaciente.

Con las novelas breves pasa lo mismo que con los cortometrajes, que a medida que se extienden van reblandeciéndose y, en consecuencia, perdiendo solidez.

Nada más alejado de la simpleza que la novela breve. Nunca brevedad y complejidad habían marchado tan unidas. Sin dejar de lado levedad, que aquel libro parezca volar. ■

XLVII

Hay un mil 351 millones de novelas. Tú puedes escribir la un mil 352 millones. Apúrate antes de que sea la un mil 353. Pero detente en la estructura y el estilo. Ahí está todo. Más la pasión. Sin pasión no hay novela posible. Porque la pasión se transmite cuando se escribe, y es lo que les gusta a los lectores. Lo que leen los lectores: la pasión. Ese nervio que va del corazón a la palabra

Nadie tiene claro qué es una novela, pero todo mundo quiere escribir una. Aun los que no escriben. Porque la novela está revestida de cierto *sharm.* Quien escribe una novela es un hombre interesante —aunque hay cada bodrio que mejor se hubiera dedicado a cantar en los camiones o vender discos de Los Tigres del Norte en el metro; decepcionaría menos.

Pero, ¿qué es una novela? Es una historia. Antes que otra cosa, es un chisme del tamaño del Golden Gate. Aunque ahora también puede escribirse una novela sin historia. Pero eso es harina de otro costal. Lo que varía de una novela a otra es la estructura.

Feliz aquel escritor que encuentra su modo personalísimo de contar. Está del otro lado. Que finalmente da con su estructura y su estilo —que asimismo sin estilo no hay novela.

No hay tantas estructuras y estilos como novelistas pululan. Porque —lo cual es normal— se copian unos a otros. Porque de pronto sobreviene un modo de contar que pega y gusta. Entonces alrededor de ese escritor se agolpan los imitadores. Si este hombre encontró un modo de hacer las cosas, para qué andarse quebrando la cabeza. Se dicen, cabalmente convencidos. Y lo emulan hasta en los nombres de sus personajes. Que si son impronunciables, ellos bautizan así a sus protagónicos; que si son demasiado simples, no se quedan atrás. Y tan fecunda es una idea, que varios de esos imitadores se colarán a la inmortalidad agarrados de la cola del original.

Charles Dickens, Víctor Hugo, Emilio Salgari y Honoré de Balzac, entre los novelistas más imitados. Como estos escritores iban a dar hasta el fondo mismo del alma humana; como la gente se identificaba tan fácil e inmediatamente con sus personajes, protagónicos o no; como el lenguaje era tan entendible, que es decir tan sencillo y fresco; como los conflictos parecían extraídos del mismo infierno, adonde sin ninguna premura iban a dar ingleses, franceses e italianos, por todo esto, Dickens, Balzac, Salgari y Víctor Hugo eran pasto de plagio. Pero había un detalle que inequívocamente se pasaba por alto: la genialidad; cualquier cosa: una mirada de mujer que de un lado a otro de la estancia iba del amor al odio; una palabra dicha por el padre al hijo en el tránsito de la vida a la muerte; la mano del varón sobre la femenina unas cuantas horas antes de que le fuera infiel —naturalmente con su mejor amigo.

Sin pasión, no hay novela. Sin ninguna dificultad se podría escribir un manual para escribir novelas; o, mejor aún, un manual para escribir novelas aptas para todo tipo de concurso. Lo primero que ese manual le indicaría al prospecto de novelista sería que se fijara en los ojos de la vecina —la casada, por supuesto— y que se preparara para el maratón del sufrimiento. Que una vez que tuviera aquella mirada entre ceja y ceja, que una vez que no se pudiera deshacer de aquellos ojos, se preparara porque el gran acontecimiento está a punto de acontecer. Que se plantara delante de la vecina y que escuchara y se grabara las palabras que ella está por decirle, porque ahí principia el maratón de la desdicha. Y dos recomendaciones más contendría este manual: que se compre una botella de whisky —si es que le alcanza—, la primera, y la segunda que meta la novela a concursar. Porque lo más seguro es que no le den nada, ni lo que pagó por las copias. Y así tendría un motivo más para su martirologio. Que es condición *sine qua non* para todo escritor que se precie de serlo. Pero que este escritor no abandone jamás la pasión, ese nervio trémulo que va de la música a la literatura. Y de la literatura a la música. Que está hecho de soledades en el bar, de mujeres que en la cama son hombres. De mujeres que dicen *no* y cierran las piernas. De jirones de vida. De aquello que los hombres van dejando a su paso. Una huella en la que se quedan atorados los alacranes. O mejor: una huella en la que los alacranes reconocen su aguijón, que es decir su alma. Ese cable nervioso se oculta bajo varios nombres —aunque algunos lo reconozcan a la primera—. Pero se escucha en ciertos silencios. Musicales o literarios. O cuando aquella música llega a un punto álgido. O cuando aquella literatura sangra. ■

XLVIII

Es preferible ser un escritor descuidado, maltrecho, burdo y despreciado, que ser un escritor inofensivo. Porque el único modo de abrirse paso es cuesta arriba

Para Héctor Trinidad Delgado

Cargar el cuerpo de tu hijo y depositarlo en la fosa, tú solo, sin testigos y sin auxilio ninguno, como lo hizo Faulkner. Contra la pared, como niño castigado y con orejas de burro —¡bendito castigo, malditos derechos humanos que lo eliminaron!

Porque el único modo de escribir lo que uno quiere escribir es cerrándose las puertas, no buscando el elogio y la comodidad de la escritura zalamera.

Porque el único modo de escribir lo que proviene del alma misma es siguiendo las órdenes de tu sistema nervioso. Que es ponerte contra los demás. No a favor, en contra. Como Beethoven, que caminaba contra la tormenta. Desde niño, y que eso le valió la sordera.

A nadie le gusta el tufo de las entrañas. Y menos de las tuyas. El interior de un hombre apesta. Siempre huele mejor el exterior que el interior. El exterior se suaviza con loción de marca. O con desodorante en barrita. Para el interior no hay remedio. Cuando las órdenes del sistema nervioso sobrevienen, la tendencia es seguirse de largo. Un perro escucha las órdenes de su sistema nervioso. Y las obedece. Un hombre no. Un escritor inofensivo menos. No muerde.

Porque ir contra la adversidad es el único modo de escribir. A simple vista, tus frases se verán trémulas. Como escritas por un adicto. Porque eso es justo lo que eres tú. Un adicto. Un adicto a tu propia verdad, que además es la última verdad que interesa. Porque aquella escritura despide la pestilencia del alcohol, de la droga, sin que hable del alcohol ni de la droga. Ni menos de que su autor sea alcohólico o drogadicto, de que traiga una anforita o una grapa en la bolsa.

Porque aquella literatura tiene todo en contra. Y su cuenta es la regresiva de un condenado a muerte.

Porque el escritor de esta literatura no las tiene todas consigo. Cada palabra que escribe es una bala que mete al revólver.

Porque aquel escritor sabe que la única mujer que lo espera es la soledad. Con ella ha procreado los hijos más bellos.

Porque al lado de los diccionarios, la misantropía, la miseria y la misoginia son las mejores consejeras para ese escritor. Que si no se apura no va a tener fuerzas para abrir los diccionarios ni para escuchar a sus consejeras. Porque el tiempo siempre se le está yendo. Va contra el tiempo. El tiempo es su peor enemigo. Ni el hambre. Ni la exclusión. Ni el desprecio —que al contrario, es un aliado—. Porque el tiempo es la fuente de todo. Allí está el dolor, que nutre. Allí está la oscuridad, que atrae.

Que nadie diga de ti que eres un escritor inofensivo. Es el peor insulto que se le puede decir a un escritor. Es como si la literatura fuera encanto de damas. Es como si la literatura fuera éxito en los negocios. Es como si la literatura fuera cortesía de reyes.

Es preferible ser un escritor deslavado en su escritura, desdibujado en sus argumentos, deshilvanado en sus tramas, que ser un escritor inofensivo.

Aunque viéndolo bien no ha de ser tan malo ser un escritor inofensivo. Hay tantos. No hay familia decente, barrio cosmopolita, revista exitosa, cantina aceptable, que no se precie de tener uno. ■

XLIX

Los escritores que se toman en serio ven su nombre escrito en la historia de la literatura. A partir de ahí la literatura los estará educando. Ya no son como son. Sino como la leyenda que quieren ser

Para Édgar y Daniel Miranda

Qué hermoso es ser una leyenda. Qué lindo navegar con bandera de mortal, para sentir que se pertenece a un gremio, únicamente para eso, y de vez en cuando sacar la credencial de inmortalidad que expiden a unos cuantos elegidos. Cuando no hay testigos cerca contemplarla como se contempla un billete de lotería premiado. Y saber que el sitio de uno, desde donde mirará transcurrir la marcha de la humanidad como se mira un barco a lontananza en altamar, el sitio de uno está al lado de Zeus. Y no al lado de tanta bazofia humana.

Los escritores que se toman a sí mismos en serio —que cosa muy diferente es tomar en serio su trabajo— llevan impresa esta impronta en la frente. Todo lo conducen hacia la consecución de su sueño dorado. Quizás por eso recuerdan a los conquistadores que se empeñaban en descubrir y hacer suya aquella ciudad legendaria de El Dorado, construida de oro puro.

Los escritores que viajan en los hombros de la lisonja son aquellos que miran a hurtadillas su pasaporte a la inmortalidad. Saben que tienen derecho a todo, y todo se les hace poco. Reciben los premios literarios como se recibe una mercancía por la que se ha pagado: con cierta displicencia, con cierto desdén, exactamente como un cliente de El Palacio de Hierro recibe un perfume. Que acaso le dé igual. No tiene por qué mostrarse agradecido si está pagando por ese producto. Nadie le está regalando nada. El único esfuerzo de este escritor es apearse de los hombros de la adulación, ponerse a la altura del resto de los mortales, pasear la mirada en derredor, detenerse en algunos ojos que lo miran especialmente, y proseguir su marcha. Rumbo al siguiente premio. Que desde donde se encuentre, despide su aroma provocador. Que hay premios que huelen a carnitas, pero otros a lechón; unos a pulpos a la gallega, y otros a caracoles a la Chateaubriand.

Lo más sorprendente de estos señores es cómo la literatura ha moldeado su carácter. Hombres de espíritu maleable, condescendieron ante el poder que da la literatura a los complacientes. Porque la literatura lo mismo es una perra celosa a la que hay que tener contenta bajo riesgo de recibir una tarascada mortal, que una diosa de la alabanza que pone en boca de sus elegidos cucharaditas de jarabe para trasmutar la incomplacencia en servilismo. De ahí que se diga que la literatura educa. Poda las convicciones como una segadora las mieses. Piénsese en un escritor de joven. Piénsese en ese escritor pergeñando sus sueños. Tiene el mundo delante de sí. Es humilde, y la humildad le permite distinguir la podredumbre donde la hay. Sufre como los personajes que van brotando de su pluma. Siente en carne propia el dolor y la alegría. El amor y el odio. Y deja que sus personajes construyan su universo literario a partir de estos sentimientos. Llora y suda cuando escribe. Va más allá de sus fuerzas. Controlar estas emociones lo rebasa. Su instinto —que todo escritor que se precie de serlo desarrolla contra viento y marea— le dice dónde está la hondura, el fondo de las cosas. Y de esta fuerza sale imbuida su palabra. Lee lo que escribe y palpa la sencillez. Su literatura es límpida y transparente. Publica un libro, publica otro, y desde el tramado de sus páginas palpita el corazón de un hombre que construye. Y en la misma medida que su literatura tiene aceptación entre lectores críticos, se fijan en él los aduladores. Alguien repara en que es un escritor auténtico, y él y otro y otro más lo buscan, lo invitan, lo tratan con la deferencia que se trata a un purasangre. Miembros de consejos de redacción de revistas que pesan en el ámbito cultural, lo hacen suyo. Hasta que pierde terreno y comienza a caminar entre nubes. A partir de ese momento su literatura cambiará. Ha quedado atrás aquella pureza y transparencia. Aquella garra es historia muerta. Pero todo tiene sus compensaciones, se dice cuando se mira a sí mismo con cierta nostalgia que no comprende. ■

L

La imaginación nace con correa. Hay que aprender a soltarla. Pero no tanto. El escritor se siente enormemente complacido cuando "deja volar su imaginación". Nada más peligroso para un narrador. Si no la sabe controlar, cuando su imaginación vuela, aquel autor escribe los ejemplos más conmovedores de la estulticia

Hay que aprender a sujetar la imaginación. Tirar de su correa. Exactamente como se sujeta a un purasangre. O no vayamos tan lejos, exactamente como se sujeta a cualquier caballo, aun al más viejo, deplorable y desvalido caballo. Hay que sujetarlo porque de lo contrario la bestia decide por dónde irse, y se nos va de las manos.

Es un triunfo tener una idea que vaya a traducirse en literatura. Es un hallazgo que finalmente aquel runrún que nos venía dando vueltas en la cabeza como carrusel de barrio, vaya a encontrar su camino vía la palabra escrita. Y habrá que tener mucho cuidado, habrá que ser especialmente cuidadoso para que aquella idea crezca como una planta bien cuidada. Porque lo más probable es que se estropee en el camino.

Aunque cada quien tiene su sistema para escribir —el mejor modo de irle dando cauce a sus obsesiones—, por regla general el autor va bordeando la margen del río antes de decidirse por un lugar para lanzar la caña y esperar la presa. Aquí entra en juego la intuición. Necesita un sitio que le resulte cómodo, práctico y, sobre todo, que le parezca hecho para él. Un sitio donde en su imaginación vea salir del agua el pez vela que se llevará a casa. Hasta ahí va muy bien que ponga su imaginación al servicio de una idea que aún está en su cabeza, y de la cual no ha escrito una sola línea. Que vea sobrevenir el pez vela para finalmente pescar bagre alimentará su entusiasmo. Pero ¿cuál es ese trofeo que este hombre desea con toda el alma?

Exactamente ese pez que nació para él. Ese pez vela.

Cada escritor viene al mundo a escribir algo que sólo él puede acometer. Pensemos en un niño que trabaja en una carnicería. Es repartidor. Ni siquiera tiene que andar en bicicleta ajena, la suya le sirve a las mil maravillas. Pensemos, pues, en ese niño. Todo el día está en la carnicería. Cuando no está repartiendo, ayuda a despachar. Conoce los cortes a la perfección. Sabe de sabores, de texturas, de huesos y de cartílagos. El tiempo sigue pasando. Va a la escuela, pero no quiere dejar su trabajo en la carnicería. Le atrae la sangre. El mandil ensangrentado de su patrón lo subyuga. Ya de adolescente, es capaz de echarse en la espalda una ternera abierta en canal. Es fuerte. El trabajo lo ha hecho corrioso. Lo dejan a cargo del negocio, y él resuelve las cosas como el mejor. Pasan así los años, y de pronto, en forma tan imprevista como el vuelo de una mosca sobre aquellos riñones que aún tiene que limpiar, empieza a hacerle ruido la idea de escribir algo, lo que sea, sobre la carnicería. Y empieza. No se pregunta si la carnicería le interesará a un editor; menos si resultará un tema demasiado sórdido, que les agrie la vida a los lectores de *Harry Potter.* Nada de eso se pregunta. Él escribe. No lo sabe, pero está a punto de escribir una obra maestra, la novela que hable de la carne. Y, por principio de cuentas, contará lo que le ha dejado la experiencia de trabajar ahí. No pondrá en tela de juicio lo que sabe a ciencia cierta. Todo ese mundo que él conoce tan bien, es suyo, le pertenece. Y ahí es donde entra la imaginación. Delante de él, los personajes desbordarán el ámbito del negocio y los verá interactuar en el exterior. Pero la plataforma de la cual despegarán y a la cual regresarán será eso, su experiencia. Y si de pronto a una res le salen alas y vuela por la azotea del mercado, aquilatará el peso específico de esta acción, y dirá sí, que vuele, o no, que no lo haga. Sin haber pasado jamás por un taller literario, sabrá de eficacia narrativa. De malicia narrativa —que le ha devuelto la vida a toneladas—. Y en la intimidad de su hogar, decidirá el destino de su imaginación. ■

LI

Sé un hombre de letras, hasta las últimas consecuencias

Más aún que de palabras, se está rodeado de letras. Casi tanto como de miradas. Porque las cosas, los objetos que nos rodean, tienen forma de letras. En una mesa, en un auto, en un elevador, podemos encontrar la letra que nos aguarda. Que es nuestra aun sin que lo queramos. Nada más fácil que enseñarle a leer a un bebé a través de la analogía de las letras.

Por separado, las letras tienen tantos significados como se desee. Por ejemplo, una *A* invertida puede significar una *V* de la victoria, y una *S* recostada podría insinuar una víbora que se acerca peligrosamente. ¿Cómo diferenciarlas? En este sentido, en el de encontrarle a las letras un código inadvertido para la mayoría, los hombres analfabetos aventajan a los que saben leer y escribir, pues estos últimos no tienen más remedio que leer una *M* donde aparece una *M*. Y aun el más bisoño se pregunta: ¿acaso habría modo de desactivar la lectura automática, de que, a gusto del usuario, pudiese leer sólo lo que desee realmente leer, de tal modo que, digamos, fuera capaz de caminar por la calle y ver en los textos de los anuncios simples garabatos?

Hay letras de verdad bellas, diseñadas, desde luego, por un artista en el sentido más profundo y verdadero del término; porque ni siquiera su nombre, el nombre de ese artista, se conserva. Alguien podría preguntarse a quién pertenece la autoría de la *K* —y si no fuera porque se sabe que Kafka es posterior a la invención de su inicial, bien podría adjudicársele semejante hazaña—. La lista es infinita porque cada letra incluiría tantas versiones como fuera posible: en minúscula, en mayúscula, de cabeza, reclinada, de lado, de imprenta o manuscrita. Pero si el criterio es ortodoxo, ¿cabría una letra más bella que la *X*, que la *T* o que la *O*? Y para no quedarse corto, ¿es concebible letra más risueña que la *U*, más dubitativa que la *Y*, o más severa que la *Z*? Habrá que esperar que nazca el escultor que cree esculturas gigantes a partir de las letras del alfabeto.

El sonido es otra cosa, y ahí intervienen otros factores. Cada letra suena de un modo distinto, y, en ocasiones, grafía y sonido permanecen indisolublemente unidos —como en el caso de la *T*, cuya forma evoca un martillo, y el martillo a su vez el golpe contundente, justo como el mismo sonido de la *T*; o la *M*, cuya grafía manuscrita recuerda la ola del mar, o sea la letra que tarda en pronunciarse, que prolonga su sonido, la *m* que parece ir y venir antes de expulsarse por completo de la boca. No en balde, las mujeres responden a las preguntas cruciales con un *mmm*...

Las veintisiete letras del alfabeto caben en un puño —incluida la *Ñ* de *puño*, aunque no todas estas personas la incluyan en el conteo final—. Es decir, el mundo cabe en un puño. El hombre deposita esas veintisiete letras en el cuenco de sus manos y mira al cielo. Sabe lo que puede hacer con esas letras: divertir, destruir, intimidar, enriquecer la vida de sus semejantes, construir ciudades, violentar, emocionar. Porque las letras están ahí, al alcance de todos. Su aprendizaje constituye el primer paso hacia esa montaña cuya cima jamás se alcanza.

Bella expresión ésta, la del *hombre de letras*. Es el colmo, estar hecho de letras. Así como hay el hombre de acero y el hombre de hojalata, así también existe el hombre de letras. Y cabe imaginárselo: no le es posible agacharse más de la cuenta, pues los puntos de las íes podrían venírsele abajo; menos puede caminar sobre hielo, pues corre el riesgo de precipitarse y destruir la tilde de la *T* y de la *Ñ*. Se le nota al hombre de letras que *es* un hombre de letras. No hay más que verlo con su libro bajo el brazo, sus zapatos de gamuza, su saco de pana; o su enorme portafolios de piel de carnero, sus gafas Armandi y sus más o menos desgastados *jeans*. También es posible identificar al hombre de letras por su propensión a firmar letras de cambio, o bien por su modo de comer sopa de *idem*. Antes de llevarse la cucharada a la boca, se detiene más de la cuenta en las letras que atrapó; sin querer forma palabras, frases enteras, párrafos ambiciosos, páginas luminosas, novelas memorables. Todo en una sola cucharada. Y encima se lo traga.

Cada letra tiene su génesis. Cómo vino al mundo, quién la pronunció por vez primera, bajo el manto de qué cultura nació, si en su camino recogió o no la impronta de un mito, todos estos temas son temas que sólo interesan a los exquisitos, y es más factible que un cirujano opere el ojo derecho de una mosca bebé, antes que un especialista se dedique de tiempo completo al estudio de estos tópicos. Porque dicho especialista tendría que tomar en cuenta un punto crucial, que le robaría más allá de su vida: la historia que hay atrás de cada letra. Entendiendo por historia el conflicto social, eterno, de unos hombres contra otros. De unos hombres que se disputan con la misma pasión la tierra y la mujer, y que de aquel cruzar de las hojas metálicas nacen letras que imitan a las chispas. Nada es gratis. Es lindo especular sobre el nacimiento de una letra, pero más aún cuando la vinculamos a una hazaña épica, a la sangre que se le quedó adherida cuando finalmente vio la luz. Bien podría afirmarse: atrás de cada palabra hay una historia de conquistadores y conquistados. ■

LII

Nadie tiene la última palabra

Tienes en las manos un libro de preceptos literarios. Yo lo escribí. Pero igual tú pudiste haberlo escrito. Yo tejí estos preceptos porque el destino se empeñó en que las cosas fueran así. Las cosas se acomodan de un modo, se acomodan de otro, y de pronto algo nuevo ve la luz. Lo que nació como una idea —que, dicho sea de paso, se le ocurrió a mi amigo Porfirio Romo, cuyo nombre conduce este volumen desde las primeras páginas—, lo que nació como un jirón de pensamiento fue tomando forma hasta concluir en un libro. Insisto, este libro que ahora mismo llama tu atención.

Pero las cosas pudieron ser absolutamente distintas.

Como todo en la vida. Cuando la soledad te abruma, ¿nunca te has preguntado qué hago aquí, cómo llegué hasta aquí? Y no porque estés bajo el influjo de algún estupefaciente, sino porque el destino decide las cosas sin preguntarle a uno si está de acuerdo o no. Buen tema.

En fin. Regreso a este libro.

Yo soy el autor, pero tú pudiste haberlo sido. Cada quien tiene derecho a defender sus propios preceptos. A escribirlos. A implorar por ellos. ¿Te imaginas una manifestación de preceptos literarios, escritos en pancartas, gritados a voz en cuello? Cada quien tiene derecho a escribir su propia Biblia. O su propia Constitución, si le tienes miedo a la palabra *Biblia*. En la inteligencia de que tú escribas, pues enciérrate a piedra y lodo y extrae de tu mente los preceptos en los que crees. Una vez que hayas concluido lo que estés escribiendo. Que nada te interrumpa.

Toma los preceptos con arrojo. No importa qué tan simples o complejos sean, eso da igual. A veces los más simples son los más fuertes. La palabra *complejidad* atrae a los enanos de espíritu. Como los "fragmentos a su imán". A veces, como todo en la literatura: a veces.

Un precepto literario no es un mandamiento. Si no los cumples no te vas a ir al Infierno. Si yo escribiera, si yo empezara a escribir y este libro cayera en mis manos, pensaría: "¿Qué mosco le picó al autor que se siente tan engreído como para decirme qué hacer en cuestiones literarias? ¿De veras es muy sácale punta? ¿En serio creerá que tiene los pelos de la mula en la mano? ¿Qué no es capaz de tomarse las cosas en broma? ¿Quién lo autorizó a pontificar, a decir esto sí y esto no? ¿Creerá que lo sabe todo? Vaya tipo arrogante… ¿No ha leído a Cioran, que dice que el escritor verdadero escribe sobre los seres, las cosas y los acontecimientos, pero no sobre el hecho de escribir?".

Reflexionaría sobre esto, lo maldeciría.

Pero también lo leería.

Y haría como deben ser las cosas en literatura, que uno se queda con lo que le conviene. Como debe ser en literatura y en la vida. Y que es un precepto al que se llega cuando la juventud es un puntito negro en el horizonte ya muy lejano. Que cada día se extingue más.

Nadie tiene la autoridad para decir esto está bien así y mal así. Y cuando digo nadie es nadie. Ni Alfonso Reyes, que en cuestiones de conocimiento literario es el más completo estudioso mexicano. Ni José Revueltas o Josefina Vicens, autores de novelas insuperables por la tensión dramática y la hondura —*El apando*, el primero, *El libro vacío*, la segunda—. Ni Juan Rulfo, que es el más alto prosista; ni Arreola, que es el más encantador; mucho menos, pero mucho menos, Eduardo Lizalde, que es el primer poeta mexicano; en fin, nadie puede venir y decirte agarra esto y tira esto otro. Está equivocado. Porque cada quien va descubriendo lo que la palabra escrita significa para sí, cada quien con sus propias armas, que van de la lectura a la escritura, de la escritura a la lectura, de la concentración a la sublimación, de la reflexión a la introspección. Cada quién urde sus propias modalidades, qué le va mejor y qué no.

¿Te imaginas un libro en el que vacíes tus preceptos literarios? ¿Sería grueso, sería delgado?, ¿un volumen de doscientas páginas, de treinta y tres?

Los músicos no piensan, sienten, y no sería posible exigírseles que legaran apuntes respecto de su carpintería musical; pero a los escritores sí hay que ponerlos contra la pared y reclamarles esta herencia. Qué extraordinario sería enterarnos de cómo Agustín Yáñez concebía la trama de sus novelas, cuál era el camino más expedito para armar la historia de principio a fin, cómo urdía el desarrollo, cómo daba con un título ideal —pocos como él para dar con el título exacto: *Archipiélago de mujeres*, *Al filo del agua*, *La tierra pródiga*...

¿No te animas a escribir tus propios preceptos? Que en eso descansa la suspicacia literaria. ■

Mis libros de cabecera

- Álvarez, José María, *Al sur de Macao.*
- *Idem, El botín del mundo.*
- *Idem, La esclava instruida.*
- *Idem, La lágrima de Ahab.*
- *Idem, Museo de cera.*
- *Idem, Sobre la delicadeza de gusto y pasión.*
- Amicis, Edmundo de, *Corazón.*
- Andersen, Hans Christian, *La sombra y otros cuentos.*
- Arenas, Reinaldo, *El mundo alucinante.*
- Arlt, Roberto, *El jorobadito.*
- Arredondo, Inés, *Obras completas.*
- Auster, Paul, *El país de las últimas cosas.*
- *Idem, Smoke & Blue in the face.*
- Averchenko, Arkady, *Cuentos.*
- Baldwin, James, *Blues de la calle Beale.*
- *Idem, Otro país.*
- Baudelaire, Charles, *Las flores del mal.*
- *Idem, Mi corazón al desnudo y otros papeles íntimos.*
- Bautista, Amalia, *Tres deseos.*
- Benedetti, Mario, *La tregua.*
- Bennett, George Hal, *El dios de los lugares oscuros.*
- Bernal, Rafael, *El complot mongol.*
- Bernhard, Thomas, *El malogrado.*
- Bettelheim, Bruno, *Los cuentos de Perrault.*
- Biedma, Jaime Gil de, *Las personas del verbo.*
- Bierce, Ambrose, *Diccionario del Diablo.*
- *Idem*, et al., *Seis relatos negros.*
- Blake, William, *Matrimonio del cielo y el infierno.*
- Boccaccio, *El decamerón.*
- Böll, Heinrich, *Opiniones de un payaso.*
- Bombal, María Luisa, *La amortajada.*
- Borges, Jorge Luis, *Arte Poética.*
- *Idem, Borges oral.*

- *Idem, La cifra.*
- *Idem, Los conjurados.*
- *Idem, Obra poética 1923-1977.*
- *Idem, Prosa completa,* volumen 1.
- *Idem, Prosa completa,* volumen 2.
- *Idem, Siete noches.*
- Bortoni, Carlos, *Perro viejo y cansado.*
- Bowker, Gordon, *Perseguido por los demonios. Vida de Malcolm Lowry.*
- Bowles, Paul, *Memorias de un nómada.*
- Bradbury, Ray, *Remedio para melancólicos.*
- Bukowski, Charles, *El amor es un perro infernal.*
- *Idem, El capitán salió a comer y los marineros tomaron el barco.*
- *Idem, La máquina de follar.*
- *Idem, Se busca una mujer.*
- *Idem, Soy la orilla de un vaso que corta, soy sangre.*
- Burgin, Richard, *Conversaciones con Jorge Luis Borges.*
- Cain, James M., *El cartero siempre llama dos veces.*
- *Idem, Pacto de sangre.*
- Caldwell, Erskine, *El camino del tabaco.*
- *Idem, Tierra trágica. La mosca en el ataúd.*
- Camus, Albert, *El extranjero.*
- *Idem, El malentendido.*
- Capote, Truman, *A sangre fría.*
- *Idem, Desayuno en Tiffany's.*
- *Idem, El invitado del Día de Acción de Gracias.*
- *Idem, Un árbol de noche.*
- Carpentier, Alejo, *Obras completas,* volumen X. "Ese músico que llevo dentro 1".
- *Idem, Obras completas,* volumen XI. "Ese músico que llevo dentro 2".
- *Idem, Obras completas,* volumen X. "Ese músico que llevo dentro 3". "La música en Cuba".
- Carver, Raymond, *Bajo la luz marina.*
- *Idem, ¿Quieres hacer el favor de callarte, por favor?*
- Castellanos, Rosario, *Lívida luz.*
- Castillo, Ricardo, *El pobrecito señor X.*
- Cavafis, C. P., *Poesía completa.*

- Cela, Camilo José, *Pabellón de reposo.*
- Cernuda, Luis, *Poesía completa.*
- Chéjov, Antón, *La señora del perrito y otros cuentos.*
- Cicerón, Marco Tulio, *De los oficios.*
- Cioran, E. M., *Breviario de podredumbre.*
- *Idem*, *Cuadernos 1957-1972.*
- *Idem*, *Del inconveniente de haber nacido.*
- *Idem*, *El ocaso del pensamiento.*
- *Idem*, *Silogismos de la amargura.*
- Coetzee, J. M., *Desgracia.*
- Colina, José de la, *La lucha con la pantera.*
- Conan Doyle, Arthur, *Sherlock Holmes,* tomo I.
- Connolly, Cyril, *Enemigos de la promesa.*
- Conrad, Joseph, *El duelo.*
- *Idem*, *Línea de sombra.*
- Cortázar, Julio, *Los relatos,* 3.
- Cotroneo, Roberto, *Si una mañana de verano un niño.*
- Coulter, Stephen, *El demonio del deseo.*
- Cuenca, Luis Alberto de, *Etcétera.*
- *Idem*, *El hacha y la rosa.*
- *Idem*, *Poesía 1970-1989.*
- *Idem*, *Por fuertes y fronteras.*
- Day, Douglas, *Malcolm Lowry. Una biografía.*
- Dos Passos, John, *Años inolvidables.*
- Dostoievski, Fedor, *Crimen y castigo.*
- *Idem*, *Humillados y ofendidos.*
- *Idem*, *El idiota.*
- Dumas, Alejandro, *El conde de Montecristo.*
- Duras, Marguerite, *Escribir.*
- Durrell, Lawrence, *Lectura de Henry Miller.*
- Ellroy, James, *Réquiem por Brown.*
- Fante, John, *La hermandad de la uva.*
- *Idem*, *Pregúntale al polvo.*
- Fast, Howard, *Infancia en Nueva York.*
- Faulkner, William, *Mientras agonizo.*
- Felix, Monique, *Histoire d'une petite souris qui était enfermée dans un livre.*

- Flaubert, Gustave, *Cartas a Louise Colet.*
- *Idem*, *Madame Bovary.*
- Fonseca, Rubem, *Los mejores relatos.*
- Forster, E. M., *et al.*, *El oficio del escritor.*
- Gallego, Vicente, *Los ojos del extraño.*
- García-Robles, Jorge, *La bala perdida.*
- *Idem*, *El disfraz de la inocencia.*
- García Márquez, Gabriel, *El coronel no tiene quien le escriba.*
- *Idem*, *Crónica de una muerte anunciada.*
- Gide, André, *Oscar Wilde.*
- Goethe, Johann Wolfgang, *Epigramas venecianos.*
- *Idem*, *Penas del joven Werther.*
- *Idem*, *Poemas del amor y del conocimiento.*
- González Dueñas, Daniel y Alejandro Toledo, *La fidelidad al relámpago. Conversaciones con Roberto Juarroz.*
- Gómez de la Serna, Ramón, *Greguerías: selección 1970-1960.*
- Gracián, Baltasar, *El arte de la prudencia.*
- Graves, Robert, *Cien poemas.*
- Greene, Graham, *El americano imposible.*
- Grimm, Jacob y Wilhelm, *Cuentos.*
- Grumbach, Doris, *Música de cámara.*
- Gutiérrez, Pedro Juan, *El rey de la Habana.*
- Guzmán, Martín Luis, *El águila y la serpiente.*
- Hammett, Dashiell, *Cosecha roja.*
- *Idem*, *La llave de cristal.*
- Harrison, Jim, *Leyendas de otoño.*
- Hawthorne, Nathaniel, *Wakefield y otros cuentos.*
- Helguera, Luis Ignacio, *Atril del melómano.*
- Hellman, Lillian, *Quizás/Un relato.*
- *Idem*, *Tiempo de canallas.*
- Hemingway, Ernest, *Los asesinos.*
- *Idem*, *Cuentos de guerra.*
- *Idem*, *Las nieves del Kilimanjaro.*
- *Idem*, *El viejo y el mar.*
- Henestrosa, Andrés, *Los hombres que dispersó la danza.*
- Henke, Matthias, *Clara Schumann.*

- Hesse, Herman, *Escritos sobre literatura,* 1.
- Highsmith, Patricia, *A pleno sol.*
- *Idem*, *El cuchillo.*
- *Idem*, *Suspense.*
- Holan, Vladimir, *Dolor.*
- Homero, *Ilíada.*
- Housman, Alfred Edward, *50 poemas.*
- Hughes, Ted, *Cartas de cumpleaños.*
- Ibargüengoitia, Jorge, *Las muertas.*
- Istrati, Panait, *Codín.*
- Ita, Fernando de, *El arte en persona.*
- Jacq, Christian, *Mozart. El gran mago.*
- James, Henry, *Otra vuelta de tuerca.*
- *Idem*, *Los papeles de Aspern.*
- Jayyam, Omar, *Rubayyat.*
- José Agustín, *Se está haciendo tarde (final en la laguna).*
- Joyce, James, *Cartas de amor a Nora Barnacle.*
- Juarroz, Roberto, *Novena poesía vertical.*
- *Idem*, *Undécima poesía vertical.*
- Jungheinrich, Hans-Klaus, *Los grandes directores de orquesta.*
- Kafka, Franz, *Cartas a Felice,* 1.
- *Idem*, *La metamorfosis.*
- Kawabata, Yasunari, *Lo bello y lo triste.*
- Kazan, Elia, *El doble.*
- Kerouac, Jack, *En el camino.*
- La Grange, Henry-Louis de, *Viena, una historia musical.*
- Lagerkvist, Pär, *El verdugo. El enano.*
- Lawrence, D. H., *Haciendo el amor con música.*
- *Idem*, *El oficial prusiano y otras historias.*
- Le Porrier, Herbert, *El violín de Cremona.*
- Leyva, José Ángel, *El naranjo en flor.*
- Liiceanu, Gabriel, *E. M. Cioran.*
- Lizalde, Eduardo, *Nueva memoria del tigre (poesía 1949-1991).*
- *Idem*, *Otros tigres.*
- *Idem*, *El tigre en la casa.*
- London, Jack, *Colmillo blanco.*

- *Idem*, *El llamado de la selva.*
- *Idem*, *El silencio blanco y otros cuentos.*
- *Idem*, *Las memorias alcohólicas.*
- Louys, Pierre, *Manual de civismo.*
- Lovecraft, H. P., *El horror de Dunwich.*
- Lowry, Malcolm, *Bajo el volcán.*
- *Idem*, *Oscuro como la tumba donde yace mi amigo.*
- *Idem*, *Piedra infernal.*
- *Idem*, *Poemas.*
- *Idem*, *Un trueno sobre el Popocatépetl.*
- Lukach, Iván, *Mussorgsky. Historia de un trágico amor.*
- Mailer, Norman, *Un sueño americano.*
- Maltz, Albert, *Un hombre en el camino.*
- Manrique, José, *et al.*, *Antología poética.*
- Márai, Sándor, *La herencia de Eszter.*
- *Idem*, *La hermana.*
- Marías, Javier, *Literatura y fantasma.*
- *Idem*, *Vidas escritas.*
- Masters, Edgar Lee, *Antología de Spoon River.*
- Mauclair, Camille, *La religión de la música.*
- Maugham, W. Somerset, *Servidumbre humana.*
- Maupassant, Guy de, *Mademoiselle Fifi y otros cuentos de guerra.*
- *Idem*, *Mi tío Jules y otros seres marginales.*
- *Idem*, *La vendetta y otros cuentos de horror.*
- McCarthy, Cormac, *Meridiano de sangre.*
- McCullers, Carson, *La balada del café triste. Reflejos en un ojo dorado.*
- Melville, Herman, *Moby Dick.*
- *Idem*, *et al.*, *El libro de los autores.*
- Mishima, Yukio, *La perla y otros cuentos.*
- Montaigne, Michel de, *Páginas inmortales.*
- Monterroso, Augusto, *Obras completas (y otros cuentos).*
- *Idem*, *La palabra mágica.*
- Muschg, Walter, *Historia trágica de la literatura.*
- Nabokov, Vladimir, *Lolita.*
- *Idem*, *Lecciones de literatura.*
- *Idem*, *Opiniones contundentes.*

- Oé, Kenzaburo, *La presa.*
- *Idem*, *Una cuestión personal.*
- Ovidio, *Amores.*
- Panero, Juan Luis, *Poesía completa (1968-1996).*
- Parra, Eduardo Antonio, *Tierra de nadie.*
- Partida, Eugenio, *La otra orilla.*
- Pascal, *Pensamientos,* I. "El hombre sin Dios".
- Patán, Federico, *Cuento norteamericano del s. XX.*
- Pavese, Cesare, *El oficio de vivir / El oficio de poeta.*
- Paz, Octavio, *Obra poética (1935-1988).*
- *Idem*, *Versiones y diversiones.*
- Peicovich, Esteban, *Borges, el palabrista.*
- Pérez Olivares, José, *El rostro y la máscara.*
- Pessoa, Fernando, *El poeta es un fingidor (antología poética).*
- Poe, Edgar Allan, *Cuentos*, 1.
- Porchia, Antonio, *Poemas.*
- Proust, Marcel, *En busca del tiempo perdido.* 1. "Por el camino de Swann".
- Puzo, Mario, *El Padrino.*
- Quignard, Pascal, *Todas las mañanas del mundo.*
- Quiroga, Horacio, *Cuentos.*
- Revueltas, José, *El apando.*
- *Idem*, *Obras completas,* volumen 4. "En algún valle de lágrimas".
- *Idem*, *Obras completas,* volumen 9. "Dormir en tierra".
- Reyes, Alfonso, *Obras completas,* volumen XIX. "Los poemas homéricos". "La Ilíada". "La afición de Grecia".
- *Idem*, *Obras completas,* volumen XIII: "La antigua retórica".
- Ribeiro, João Ubaldo, *La casa de los budas dichosos.*
- Rilke, Rainer María, *Las rosas.*
- *Idem* y Ernesto Sabato, *Cartas a un joven poeta / Cartas a un joven escritor.*
- Rimbaud, Arthur, *Obra poética.*
- Rojas, Gonzalo, *Las hermosas.*
- *Idem*, *Materia de testamento.*
- Romero, J. Rubén, *La vida inútil de Pito Pérez.*
- Rosas Galicia, Rolando, *Quimeras.*
- Roth, Joseph, *La leyenda del santo bebedor.*
- *Idem*, *El triunfo de la belleza.*

- Roth, Philip, *La visita al maestro.*
- Ró ewicz, Tadensz, *Poesía abierta.*
- Rubinstein, Antonio, *La música y sus representantes.*
- Rulfo, Juan, *El llano en llamas.*
- Ruvalcaba, Alonso, *Jardín y mausoleo.*
- Sábato, Ernesto, *El escritor y sus fantasmas.*
- *Idem*, *El túnel.*
- *Idem*, *Sobre héroes y tumbas.*
- Saint-Exupéry, A. de, *El Principito.*
- Salazar Mallen, Rubén, *¡Viva México!*
- Salgari, Emilio, *La montaña de la luz.*
- Salinger, J. D., *El guardián entre el centeno.*
- *Idem*, *Nueve cuentos.*
- Salvago, Javier, *Variaciones y reincidencias (Poesía 1977-1997).*
- Sánchez Rosillo, Eloy, *La certeza.*
- *Idem*, *Confidencias.*
- *Idem*, *Las cosas como fueron.*
- *Idem*, *La vida.*
- Savater, Fernando, *Despierta y lee.*
- Schlink, Bernhard, *El lector.*
- Schneider, Michel, *Músicas nocturnas.*
- Schwob, Marcel, *La cruzada de los niños.*
- *Idem*, *Vidas imaginarias.*
- Sevilla, Pedro, *La luz con el tiempo dentro.*
- Shakespeare, William, *Hamlet.*
- *Idem*, *Macbeth.*
- *Idem*, *El rey Lear.*
- Sicilia, Javier, *La presencia desierta.*
- Sinoué, Gilbert, *Avicena.*
- Sombart, Werner, *El burgués.*
- Sor Juana Inés de la Cruz, *Obras completas.*
- Stendhal, *Rojo y negro.*
- Stevenson, Robert Louis, *Oraciones de Vailima.*
- Sterne Lawrence, *Tristram Shandy.*
- Strand, Mark, *Emblemas.*
- Styron, William, *Las confesiones de Nat Turner.*

- *Idem*, *La decisión de Sophie*.
- Stoker, Bram, *Drácula*.
- Süskind, Patrick, *El contrabajo*.
- Tabucchi, Antonio, *Los últimos días de Fernando Pessoa*.
- Thompson, Jim, *Ciudad violenta*.
- *Idem*, *1200 almas*.
- Tolstoi, Leon, *Ana Karenina*.
- *Idem*, *Diarios 1847-1894*.
- *Idem*, *La sonata a Kreutzer*.
- Toole, John Kennedy, *La conjura de los necios*.
- Tournier, Michel, *El vuelo del vampiro*.
- Trejo, Ángel, *Llueve lluvia*.
- Trujillo Muñoz, Gabriel, *Mexicali City Blues*.
- Tse, Lao, *Tao te king*.
- Twain, Mark, *et al.*, *Cuentos y relatos norteamericanos del s. XX*.
- Usigli, Rodolfo, *Ensayo de un crimen*.
- Valéry, Paul, *Notas sobre poesía*.
- Vallejo, César, *Poesía completa*.
- Vargas Llosa, Mario, *Elogio de la madrastra*.
- *Idem*, *La orgía perpetua*.
- Vasconcelos, José, *Memorias I*. "Ulises criollo". "La tormenta".
- *Idem, Memorias II*. "El desastre". "El preconsulado".
- Vicens, Josefina, *El libro vacío*.
- Villena, Luis Antonio de, *Antibárbaros*.
- *Idem*, *Corsarios de guante amarillo*.
- Wassermann, Jakob, *El hombrecillo de los gansos*.
- Wilde, Oscar, *Cartas a Alfred Douglas*.
- *Idem*, *Epistola: in carcere et vinculis ("de profundis")*.
- *Idem*, *Obras completas*.
- Williams, Tennessee, *Un tranvía llamado Deseo*.
- Wright, Richard, *Mi vida de negro*.
- *Idem*, *Sangre negra*.
- Yáñez, Agustín, *Al filo del agua*.
- *Idem*, *Las tierras flacas*.
- Yourcenar, Marguerite, *Con los ojos abiertos*.
- *Idem*, *Memorias de Adriano*.

- Zapata, Miguel Ángel, *Poemas para violín y orquesta.*
- Zweig, Stefan, *Impaciencia del corazón.*
- *Idem*, *El mundo de ayer* (autobiografía).

Índice

A modo de prólogo 9

I. Cuando sientas que la mano te tiembla al escribir, estás en el camino correcto 13

II. Las palabras son los ingredientes del platillo. Hay que dosificarlas. Cada quien a su gusto. Como cualquier cocinera 15

III. Escribir no es difícil —lo difícil es arrojar las palabras que sobran al cesto de la basura— 17

IV. Entre dos palabras que signifiquen lo mismo, escoge la más corta 19

V. Imagínate a un lector de lo que escribes —si no tienes imaginación, asiste a un taller de creación literaria, o bien, contrata a alguien que te escuche (y deja a la literatura en paz)— 21

VI. Sé flexible en el seguimiento de los preceptos literarios —sin dejar de ser firme; como el arco de un violinista maestro— 25

VII. Cuando te atores, da la vuelta. No te detengas jamás. Prosigue siempre. Muchos escritores se pasan la vida esperando el modo de salir del paso. Aunque el obstáculo es la guía. Indica algo importante para ti 29

VIII. No quieras deslumbrar a nadie. Nadie te leerá. Cuando el lector siente que lo quieren impresionar, siempre sale decepcionado 31

IX. Se llega a la sencillez cuando los demás caminos se agotan 33

X. Ten un espejo cerca de ti al momento de escribir. Para que los humos se te bajen. Esto te evitará que seas grandilocuente —y, por ende, excesivo—. Que creas que descubriste el hilo negro en literatura 35

XI. Enamórate. Una persona enamorada escribe con pasión —de pronto esa persona quiere ser más que clara, clarísima, para que el sujeto de su amor la entienda— 39

XII. Imagínate que eres un niño de cinco años y que tienes que entender lo que acabas de escribir. Si no lo entiendes, nadie lo va a entender; si así es el caso, reescribe todo de principio a fin 41

XIII. No muestres nada de lo que hayas escrito, hasta que no te quede clarísimo. Tú eres el lector más capacitado para criticar lo que escribas 43

XIV.	La gente siempre tiene prisa. No canses al lector. Son preferibles los párrafos cortos y precisos, a los párrafos largos y profusos	*45*
XV.	A una idea, una emoción; a una emoción, una idea. Lo dijo Tolstoi. No divagues ni te disperses. Sé preciso. Como cuando el pecador se confiesa. Como cuando expone su crimen ante el confesor, que es Dios	*47*
XVI.	Las frases cortas ayudan. Inmediatamente buscan su nicho en el cerebro. Y ahí se quedan. Además de que se leen más rápido, y eso ayuda a su entendimiento. Apóyate en una redacción simple para lograrlas. Y, mejor aún, en una corrección implacable. Como la que practican los correctores de estilo —en cuyo trabajo hay que detenerse—	*49*
XVII.	El camino está hecho. Apóyate en la lectura. Lee lo más que puedas. Lee todo el tiempo. Siempre lleva un libro bajo el brazo. Te salvará de muchas cosas. A nadie le interesa asaltar a un lector	*51*
XVIII.	Vigila la puntuación. Es fundamental. Cuando se domina la puntuación se dominan muchas cosas. Pero no la conviertas en una diosa	*55*
XIX.	Los adjetivos son como los caballos desbocados; si no te puedes trepar, déjalos pasar	*57*
XX.	La mitad del chiste de escribir consiste en pensar; la otra mitad en tachar lo que se escriba. Hasta volverse loco. Hasta emparentar la literatura con la locura	*61*
XXI.	Cuando escribas ponte cómodo; vas a necesitar estar descansado al momento de revisar lo que has escrito. Tachar es lo que más tiempo lleva. Lo más arduo. Porque se tacha uno a sí mismo. Y eso pocos lo soportan	*63*
XXII.	No te enamores. Porque el amor estorba al momento de escribir —y a veces también después—	*65*
XXIII.	Una frase bien escrita vale oro. Que diga algo consistente, que suene bien. Que se entienda. Lástima que esas frases no las venden en las joyerías. El escritor tiene que fabricarlas	*67*
XXIV.	Lograr la concentración lleva mucho tiempo, y perderla es cosa de segundos. Sea como sea, sin concentración nadie escribe. La concentración cuenta, casi tanto como la ortografía. Por cierto, una ortografía excelente no se obtiene sin concentración. Hablemos de la ortografía	*69*

XXV. Ten siempre a la mano un diccionario, y consúltalo cuando hayas terminado lo que estés escribiendo. Por buscar la palabra se te puede ir la idea. No se te olvide. Los diccionarios son eficaces, pero estorban. A la hora de escribir —y de acomodarlos— 71

XXVI. Al momento de escribir, los escritores se ponen un chaleco antibalas que los protege del ridículo. Si quieres escribir en serio, deja tu chaleco antibalas colgado en el clóset. O póntelo cuando salgas a las 2 de la mañana 75

XXVII. No uses más palabras de las necesarias. La literatura está llena de palabras que sobran 79

XXVIII. A la mayoría de los escritores no les basta con la Secretaría de Gobernación que censura lo que escriben. Basta con desabotonarles la camisa para descubrir la Secretaría que llevan dentro. Aun más severa 81

XXIX. Viajar no es imprescindible para escribir. Vivir sí. "Quédate en tu rancho", dijo Tolstoi. Allí está todo lo que necesitas. La novela vendrá por sí misma. Si tienes suerte. Y arrestos 83

XXX. Adáptate a la sintaxis; la sintaxis nunca se va a adaptar a ti 85

XXXI. No dejes que tu literatura se corrompa. Huye de las presentaciones de libros, de los círculos de elogios mutuos, de los suplementos culturales, de las revistas literarias, de las solapas zalameras. Huye de las frases huecas. Tanto como de las manzanas recubiertas de azúcar cristalizada. Terminan por empalagar, y por crear lombrices en el estómago y en el cerebro 87

XXXII. Un escritor no debe aspirar a escribir obras maestras. En primer lugar porque las obras maestras no se planean —el escritor que descubriera la fórmula no dejaría de escribirlas—. En segundo porque no va a poder, y en tercero porque siempre es mejor perseguir un sueño que consumarlo 89

XXXIII. Entre la literatura y la vida hay semejanzas felices. Se da un paso, y otro, y otro más, y así sucesivamente hasta darle la vuelta al mundo y regresar al punto de partida. Del mismo modo se escribe una palabra, y otra, y otra más, y así sucesivamente hasta terminar un libro, que es quedarse exactamente en cero, es decir, en el mismo punto en el que ese libro se originó. Porque el escritor ignora lo que ha hecho, desconoce el secreto de lo que ha hecho. De ahí que en la escritura, como en la vida, lo importante, lo verdaderamente importante, es el viaje 93

XXXIV. Si quieres ser músico, sé músico; si quieres ser escritor, sé escritor; si quieres ser músico y escritor, selo; que hay un punto en que la música y la escritura se unen —y no en la "música de las palabras"—, y otro [punto] en que la música y la escritura se separan como dos universos que corrieran paralelos. Digo yo, en ésta mi declaración de principios *97*

XXXV. El título debe suscitar interés, despertar la curiosidad del lector; no ser la síntesis de lo que se va a leer *99*

XXXVI. El uso de los aumentativos y de los diminutivos exige cierta malicia. Paradójicamente se nace sabiendo su práctica. Y es tremendamente fácil ser excesivo y recurrir a ellos en casos innecesarios. En realidad, el aumentativo y el diminutivo son las armas que el niño empuña para abrirse paso *101*

XXXVII. Hay escritores modestos, cuya obra —piensan— no merece la atención de nadie, ni siquiera de ellos mismos *103*

XXXVIII. Escribe lo que se te ocurra. Como los siguientes aforismos. No sabes lo que pueda pasar. Como cuando una bala perdida se incrusta en la frente de un hombre que camina despreocupadamente hacia su casa. Que le da y lo mata. Porque le tocaba, dirán algunos. Porque atrás de cada bala perdida hay un acto de justicia, dirán los menos. Escribe lo que se te ocurra. Como los siguientes aforismos. No te exijas más de la cuenta *105*

XXXIX. Como se le mire, escribir es evadirse de la realidad. Pero el escritor no debe olvidar que su misión es conmover a lectores de carne y hueso. Tan reales como una leona al acecho de una gacela. Matar a esa gacela le permitirá sobrevivir a esa leona, y permitirá que sus cachorros sobrevivan. Lectores tan reales como esa cacería son a los que hay que conmover *109*

XL. Cada texto tiene una extensión diferente. Propia. Pero nunca la extensión define la eficacia narrativa. No porque un cuento sea extenso es bueno. No porque un cuento sea breve es bueno. ¿Cómo debe ser un cuento para que sea redondo? *111*

XLI. Escribe tu historia. No la cuentes. Si la escribes luego de contarla, sentirás que pierde fuerza —y acaso sentido; sobre todo si te gusta más hablada que escrita—. Estás en tu derecho de que te guste más de un modo que de otro. Aunque en ese caso te vendría mejor un manual para contar cuentos, no para escribirlos *113*

XLII. La carne cruda semeja la pasta narrativa con la que el escritor trabaja. Antes de comerse, habrá de sazonarse y cocerse; tal como lo hace el escritor con las palabras que las deja listas. Y que está a punto de compartir con sus invitados *115*

XLIII. El corazón y el estilo. El escritor que siente que finalmente ha escrito una línea que sobrevivirá se engaña. No estaría en su mano reconocerlo. Exactamente como el amor; quienes se sienten amados se engañan. Y Dios, que es magnánimo, les concederá vida para confirmarlo *117*

XLIV. ¿Qué significa concentración en literatura? Significa concentrar la pasta del lenguaje y darle la forma de una esfera —de ese amasijo de varas que corre al paso del viento—. Sin fisuras, sin fracturas. Que no sobre ni falte nada. La concentración obliga a un esfuerzo inusitado. Más otro tanto de sudor y maldiciones *119*

XLV. Si no tienes talento, trabaja. Si lo tienes, trabaja el doble. No te dejes engañar por el talento. El fokin talento, del cual hay que saber desprenderse para avanzar. Hay que disciplinarse como si se fuera el más zafio de los escritores. No el más talentoso *123*

XLVI. Escribe una novela breve. ¿De verdad te parece imposible escribir una novela de largo aliento? Pues no tienes que esperar mucho. Escribir una novela breve es tentador. Una tentación que se presenta en la vida de todo escritor *127*

XLVII. Hay un mil 351 millones de novelas. Tú puedes escribir la un mil 352 millones. Apúrate antes de que sea la un mil 353. Pero detente en la estructura y el estilo. Ahí está todo. Más la pasión. Sin pasión no hay novela posible. Porque la pasión se transmite cuando se escribe, y es lo que les gusta a los lectores. Lo que leen los lectores: la pasión. Ese nervio que va del corazón a la palabra *131*

XLVIII. Es preferible ser un escritor descuidado, maltrecho, burdo y despreciado, que ser un escritor inofensivo. Porque el único modo de abrirse paso es cuesta arriba *135*

XLIX. Los escritores que se toman en serio ven su nombre escrito en la historia de la literatura. A partir de ahí la literatura los estará educando. Ya no son como son. Sino como la leyenda que quieren ser *137*

L. La imaginación nace con correa. Hay que aprender a soltarla. Pero no tanto. El escritor se siente enormemente complacido cuando "deja volar su imaginación". Nada más peligroso para un narrador. Si no la sabe controlar, cuando su imaginación vuela, aquel autor escribe los ejemplos más conmovedores de la estulticia *139*

LI. Sé un hombre de letras, hasta las últimas consecuencias *141*

LII. Nadie tiene la última palabra *145*

Mis libros de cabecera *149*

Otros títulos en
EL HOMBRE Y SUS IDEAS

Digresiones con resortera
Fedro Carlos Guillén

Los mitos del editor
Adolfo Castañón

La perversión del poder
Mary Gail Frawley-O'Dea

Borges ante el espejo
Jorge Mejía Prieto y Justo Molachino

El club de los independientes
Guillermo Samperio

Perseguidos por el paraíso
Giuseppe Amara

Toltecas del nuevo milenio
Víctor Sánchez

[illegible]
[illegible]
[illegible] y [illegible]
[illegible]
[illegible]
[illegible]
y [illegible]
[illegible]

52 tips para escribir claro y entendible,
de Eusebio Ruvalcaba,
fue impreso y terminado en febrero de 2011
en Encuadernaciones Maguntis,
Iztapalapa, México, D. F. Teléfono: 5640 9062.
Cuidado de la edición: Jorge Graue Martínez
y Karla Bernal Aguilar.
Interiores: Perla Alejandra López Romo.